谨以此书献给我们敬爱的老师高景恒教授

及师母王长菊女士

图 1 高景恒教授

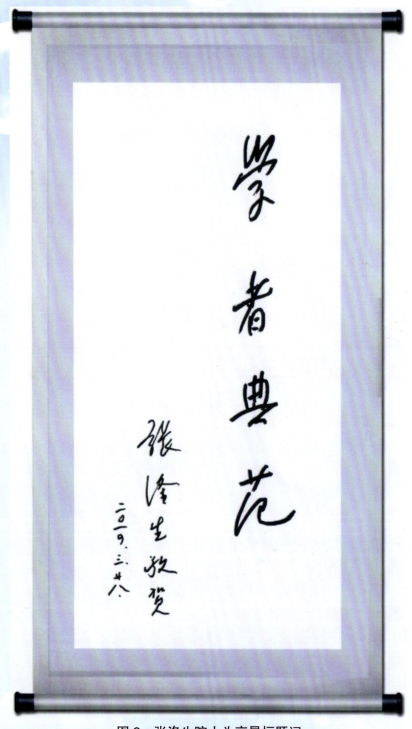

图2　张涤生院士为高景恒题词

图 3　高景恒初中时代（15 岁）

图 4　高景恒高中时代（17 岁）

图 5　高景恒大学时代

图6　高景恒与启蒙老师徐振宽教授在北京参加会议时合影（20世纪70年代）

图7　高景恒在上海第九人民医院进修期间与老师张涤生教授合影（1974）

图8　高景恒与遵义医学院的同事在一起（1992）

图 9　高景恒与张涤生、王炜教授去北京申办"全国整形外科医师高级进修班"时合影（1974）

图 10　高景恒在家中的书房读书（1988）

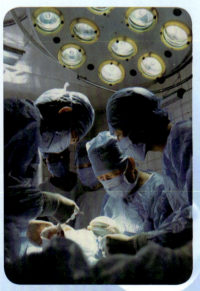

图 11　高景恒在手术中

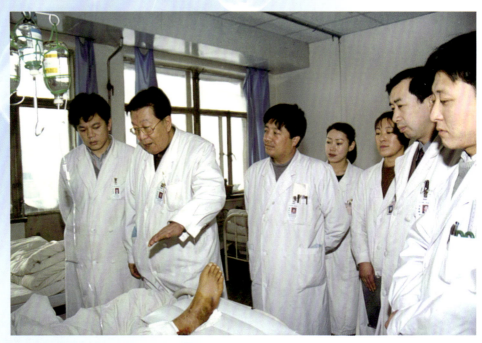

图 12　高景恒在查房

图 13　每周一次的例行术前讨论

图 14　每天下午四点半查房后对患者存在的问题进行讨论

图 15　高景恒与辽宁省人民医院整形外科部分医生和进修生合影（1994）

图 16　高景恒与杨果凡、邱武才教授讨论杂志创办事宜（1988）

图 17　高景恒与亦师亦友王炜教授合影（1999）

图 18　高景恒与鲁开化教授在会议中（2005）

图 19　高景恒与龙道畴教授合影（日本，1995）

图 20　高景恒与中华医学会医学美学与美容学分会第三、四届主委彭庆星教授在一起（1998）

图 21　高景恒与中华医学会医学美学与美容学分会首任主委张其亮教授合影（1993）

图 22　辽宁省人民医院首届运动会，就座主席台的外科教授，右起高景恒、泌尿外科黄汉兴、普外科刘承训及胸外科李庭敏（1988）

图 23　学术会上高景恒与龙道畴（左一）、孔繁祜（左二）、林子豪（右一）教授合影

图24　高景恒与宋儒耀（左三）、张涤生教授（左四）等合影（左一李圣利，右二曹孟君，右一战长蔚，2001）

图25　高景恒协助杨果凡教授（右一）在沈阳举办第五届中日整形外科学术交流会（1994）

图26　高景恒与彭庆星（左二）、杨希镱（左一）、孙少宣（右一）合影（日本东京，2002）

中华医学会医学美学与美容学分会第三届委员会全体合

1999.11.26.南

图 27　高景恒出任中华医学会医学美学与美容学分会第三届委员会副主任委员，前排左七为前任主委张其亮，左八为时任主委彭庆星

图 28　高景恒夫妇与王炜夫妇在张家界（1992）

图 29　高景恒夫妇与罗锦辉夫妇在黄山参加修复
重建外科会议（1996）

图 30　高景恒夫妇、王炜夫妇、鲁开化夫妇及
罗锦辉夫妇在扬州（2005）

图31　1998年，高景恒应王炜教授（左二）邀请，与马奇（右一）、鲁开化（左一）一道出任《整形外科学》副主编

图32　高景恒在贵州举办的首届美容外科及美容培训班上（1992）

图 33　2001 年高景恒在俄罗斯医学科学院图书馆查阅资料

图 34　发起并主办首届中日美容外科学术交流会。前排左起为高景恒、张涤生、宋儒耀（2001）

图 35　20 世纪 90 年代高景恒在外院会诊、查房

图 36　高景恒教授与《中国美容整形外科杂志》编辑部全体合影（前排左起高树奎、杨倩、高景恒、王长菊、袁继龙、王忠媛）（2018）

图 37　学术会上高景恒与日本美容医学会会长梅泽文彦合影（2002）

图 38　发起并主办首届东方美容外科学术大会。会议期间高景恒与学生莫建民（左一）、张晨（左二）及金宝玉（右一）合影（2003）

图39　2008年获日本美容医学会"美丽天使奖"
（左起曹孟君、高景恒、韩岩、王志军、董凡）

图40　高景恒七十大寿时与家人合影（2004）

图41　高景恒七十大寿时与辽宁省人民医院整形外科全体人员和部分在科室工作过的医护人员合影（2004）

图 42　2008 年高景恒参加会议时与好友王炜（左二）、孔繁祜（左三）及龙道畴教授（右一）合影

图 43　高景恒、王炜教授与 PRS 主编 Rohrich 医生在《中国美容整形外科杂志》与美国 PRS 杂志签署合作协议前在饭店合影。这张照片发表在 2011 年 2 月出版的 PRS 杂志上（2010）

图 44　高景恒教授为 Rohrich 医生（左二）和 Sullivan 医生（左一）颁发杂志名誉主编和副主编证书（2010）

图 45　高景恒与美国威科集团医学部总裁 Karen Abramson 女士签署双边合作协议（2010）

图46　高景恒八十大寿时与前来祝贺的辽宁省人民医院领导合影（左起李萍、朱芳、张丽荣、王长菊、高景恒、王天宇、侯爱洁、高树奎、金爱英、刘红阳）（2014）

图47　高景恒八十大寿时与家人合影（2014）

图48 上海第九人民医院李青峰教授及整形
外科全体工作人员为高景恒教授八十华诞贺词

图49 《中国美容整形外科杂志》编委会上，高景恒
将《七十大寿纪念册》赠予本书主编之一尹卫民博士

图 50　高景恒与夫人王长菊回吉林　　图 51　高景恒与夫人王长菊的合影
扫墓（2000）　　　　　　　　　　　（巴黎，2005）

图 52　高景恒回吉林老家，难得的休闲时光（2000）

图53　高景恒与外孙女（左一）、孙子（左二）
及孙女（右一）合影（2014）

图54　2004年，高景恒教授70岁生日会上与
夫人王长菊同孙女、外孙女合影（左一孙女高
靖囡现为辽宁省人民医院整形外科主治医师，
右一外孙女张小蕾现为中国国际航空公司武汉
营业部经理）

图55　2022年春节高景恒和孙子亲密交流

图56　四世同堂（2021年高景恒87岁生日与儿子高峰一家。生活在武汉和大连的女儿高桢、小儿子高岩两家因疫情未能回沈。后排左起儿子高峰、儿媳、孙女、重孙女、孙女婿）

图57　高景恒与辽宁省人民医院整形外科全体医护人员，右五为现任科主任袁继龙（2014）

图 58　高景恒与学生王志军（左一）、王毅彪（右一）在盛冈中日会期间合影（1997）

图 59　高景恒与科室及编辑部部分同事在黑龙江镜泊湖（1993）

图 60　高景恒与学生张晨探讨学术问题（2018）

图 61　2011 年高景恒教授出任 PRS 编委，刊载在 PRS 彩页的编委介绍

图 62　高景恒与一起共事 60 年的恩师刘承训教授夫妇合影。高景恒 20 世纪 60 年代毕业后，到大连医学院附属医院外科、1969 年去遵义医学院、1983 年去辽宁省人民医院，都与刘承训教授在一起（2014）

图 63　1992 年李世荣教授（左三）在原重庆第三军医大学举办全军整形美容学习班，邀请日本富士森良辅（左二）、杨果凡（右二）、高景恒（右三）等专家授课。此为会后小聚

图 64　中国医师协会美容与整形医师分会成立大会，高景恒出任分会副会长（2003）

图65　高景恒和遵义医科大学领导及同道合影，左起魏在荣（现为遵义医科大学附属医院副院长、整形外科主任）、程代微、高景恒、廖尚贵、王达利（整形外科原主任，现为遵义医科大学副校长）（2014）

图66　国内修复重建外科与美容医学两个新兴学科的创建人（左起鲁开化、高景恒、王炜、彭庆星）（2010）

图67　每年春节和生日都是高景恒夫妇与学生欢乐的节日（左起胡刚、刘金超、高景恒、王志军、王长菊、高岩、袁继龙、高峰）（2013）

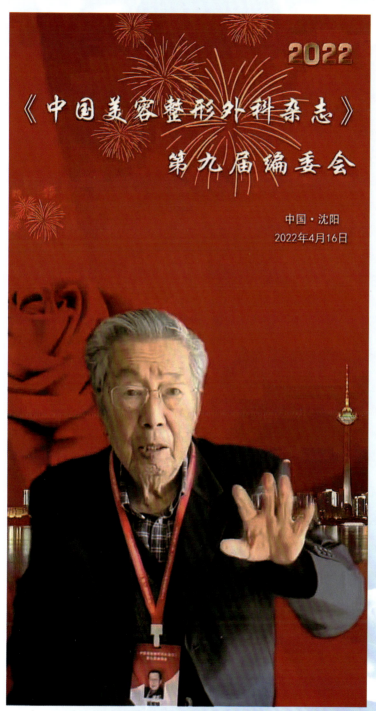

图 68　2022 年高景恒作为终身名誉主编参加《中国美容整形外科杂志》线上编委会

图 69　高景恒教授画像（白承新教授画）

美，贵有恒

——高景恒教授 60 年从医路

张　晨　王洁晴　尹卫民　王志军　主　编

辽宁科学技术出版社
·沈阳·

图书在版编目（CIP）数据

美，贵有恒：高景恒教授 60 年从医路 / 张晨等主编 .
— 沈阳：辽宁科学技术出版社，2022.12
ISBN 978-7-5591-2649-8

Ⅰ．①美… Ⅱ．①张… Ⅲ．①高景恒—事迹 Ⅳ.
① K826.2

中国版本图书馆 CIP 数据核字（2022）第 142018 号

出版发行：辽宁科学技术出版社
（地址：沈阳市和平区十一纬路 25 号 邮编：110003）
印　刷　者：辽宁鼎籍数码科技有限公司
经　销　者：各地新华书店
幅面尺寸：170mm×240mm
印　　张：17
插　　页：16
字　　数：180 千字
出版时间：2022 年 12 月第 1 版
印刷时间：2022 年 12 月第 1 次印刷
责任编辑：寿亚荷
封面设计：刘冰宇
责任校对：刘　庶　赵淑新
书　　号：ISBN 978-7-5591-2649-8
定　　价：98.00 元

编辑电话：024-23284370　13904057705
邮购热线：024-23284502
E-mail：1114102913@qq.com

编　委　会

序言一

受张晨教授邀请，为他主编的《美，贵有恒——高景恒教授60年从医路》写序。

高景恒教授是我国整形外科学界的著名专家、教授，《中国美容整形外科杂志》终身名誉主编。主编多部美容外科、整形外科专著，为中国美容整形外科事业的发展做出了重大贡献，并享誉国内外。同时，他还是一位孝子、好丈夫、好父亲、好朋友。

一、半个世纪的友谊交往

1972年，高景恒到上海交通大学医学院附属第九人民医院整复外科进修，我们就成了好朋友，至今已整整半个世纪，他刻苦、好学，是一名智慧灵巧的外科医师和一名勤奋努力的工匠，真诚地为人民服务。

当年，北京整形医院和全国许多省市的整形外科专业关闭、停业，全国各地的伤病员，特别是严重伤、畸病残者纷纷涌向上海九院求住院。当时上海九院整复外科有两个病区，85张床位，住满了患者，病房走廊及电梯旁都安置加床，登记等待入院的患者3000多人，严重创伤急需入院的，安排在医院医务处及党委会议室，打地铺排队。我们急需增加医护力量，此时一位外科技术熟练、经验丰富、刻苦工作的高景恒来科进修，成为我们的新生力量，深受欢迎。高景恒被分配在我管辖的病区，这里重危、疑难患者居多，高景恒外科技术较熟练，成了我得力的帮手和好朋友。高景恒参加我主刀的手术一两次后即能理解掌握畸形、创伤的病理和医疗的逻辑思路，当过一两次助手后我可以放手让他主刀，我作为帮手助他完成救治。

一年进修结束后，他回遵义。之后几乎每年都会来上海看望朋友，参观、研究、讨论。期间他取得小儿拇指再造及胸腹皮瓣再造食管的成果。约 10 多年后他创建了辽宁省人民医院整形外科，数十次请我到他创建的学科会诊及手术，学术讨论……至今，我俩已有整整半个世纪的交往。

二、卫生部整形外科高级医师进修班的促成者之一

当时，全国伤病员纷纷涌向上海，因为多地没有整形外科，我设计请求卫生部指派各省卫生厅选择两名高年资外科医师，一名麻醉师，一名护士长，来上海学习一年回去后建立当地整形外科。

1973 年 5 月我请有关人员帮助安排去卫生部找部长，我和张涤生老师同去北京，又请高景恒同行，因为他和我在临床一线，思维敏捷。我们将当时伤病员涌向上海求医等待的情况进行了叙述。结果卫生部部长当即同意在上海九院建立"全国整形外科医师高级进修班"，此后，湖南、湖北、四川、山东、山西、黑龙江、青海、安徽等省市分别建立了独立的整形外科。

三、志同道合的开拓者——创立中国修复重建外科学会

1986 年春在青岛，高景恒带领杨志明来我住处，在讨论手外科、显微外科、外科的未来时，觉得显微外科虽给整形外科带来里程碑的成就，但显微外科只是一技术内涵，其所包括的内容是"修复重建康复医疗"，3 人决定向全国同行倡议成立"中国修复重建外科研究会"，由我撰写成立研究会的倡议书，我们 3 人创立了学会和《中国修复重

建外科杂志》，杂志的创刊就是我写的"倡议书"。在这个学会的成长过程中，高教授一直忠心耿耿，团结全国同道坚持走正确方向的道路，我称他为："学科的党支部书记。"

一个新思维的诞生来源于对事物发展的深刻洞察。1986 年创建学会深深地影响着学科的发展轨道，并影响东亚和欧美。2013 年前后，美国 Annals 系列杂志中的创伤、矫形、康复杂志邀请我为编委。这间接说明了，外国同行多年后，和我们有同样认识。

四、合作为学界"授业、解惑、传道"

20 世纪 90 年代，中国人民生活水平迅速提高，对美容外科需求迅猛增长，1996 年 4 月 30 日上海交通大学医学院附属第九人民医院整复外科门诊手术室一天就完成主要是美容手术 530 余例。社会上许多非专业人员挤入"整形美容外科医疗队伍"，"市场化"发展中的虚假混乱的吹捧宣传，损害着求医者，我们有责任向同行们传授知识，"授业、解惑、传道"，编著系统、经典、科学、先进、全面的中国整形美容外科学教材。1997 年，我和高景恒商洽编写教科书，请马奇（南方）、高景恒（东北）、鲁开化（西北）、陈昱瑞（中国台湾）共同编著，于 1999 年编撰出版《整形外科学》（340 万字，上、下两册），该书出版近 20 年，销售在 40000 册左右，成为全国整形外科学界医、教、研的指南。

2004 年卫生部某副部长对我说："王炜教授，现在美容外科医疗并发症很多，怎么办？"我回答道："部长，还是我组织一些人再多写一些书吧……"之后我主编了《整形美容外科学全书》共计 23 个分册，1700 多万字，高景恒教授是主编之一。

2007 年 11 月 29 日，美国 *Plastic and Reconstructive Surgery*

（简称 PRS）杂志主编 Rohrich 教授写信给我，热情洋溢要与我合作完成 6 件大事，我立即把信传给高教授，并请医科大学杂志社领导主持筹备出版美国 PRS 杂志中文版事宜，这位领导两次来上海九院落实，医院写信请 Rohrich 教授等 4 位来上海……我也将喜讯向张涤生老师报告。直到两年多后 Rohrich 教授和我飞往沈阳，高教授请我主持《中国美容整形外科杂志》和美国 PRS 杂志签订中文出版合同，上海未能完成之事，终于由高教授完成了，美国整形再造外科杂志中文版终于在沈阳出版。在 Rohrich 教授、高景恒和我交流过程中，我向 Rohrich 教授介绍高景恒是中国杰出的、著名的整形外科专家。

几十年的友谊让我深深感动，深深感谢高景恒教授半个世纪对我和上海九院整复外科的支持和帮助。

岁月在流逝，50 年共同合作，包容、团结协作，互相辅助。为人民服务团结合作，只有永远，没有终点……

深深感谢高教授及其领导的团队。

感谢张晨教授。

上海交通大学医学院附属第九人民医院整形外科终身教授

2022 年 9 月 9 日于上海

序言二

今天，拜读《美，贵有恒——高景恒教授 60 年从医路》，令我回忆起若干年来与高景恒教授的兄弟般情谊。

1990 年 11 月 13 日，在武汉召开"中华医学会医学美学与美容学分会成立暨首次学术大会"报到的那天，我与高景恒教授初次见面。他给我的第一印象是：一见如故的感悟油然而生，常人说他"真才实学、德高望重"等特征果然名不虚传。我当即敏锐地感觉到"这位高教授将来一定会成为我的良师益友"。此后数十年来的密切交往证明：高教授既是我的良师益友，又是我的好兄弟。

此后的漫长岁月里，他那思维的敏锐性，学习的奋发性，以及对新生事物的满腔热情和高度责任心……令我赞佩不已。他的这些令人钦佩的闪光点，我一直在默默地学习中；他在许多爱好上、思路上与我事事相通，处处相切，步步为营。

经数十年来的友好合作共进，令我领略到高景恒教授贵在严于律己，宽以待人，忠诚老实，精明厚道，思维敏锐，勤恳好学，技术精湛，治学严谨，且在学术上不断创新，在事业上不断进取。

众所周知，中青年时期的高景恒教授，就在整形外科的临床应用和基础研究中取得了显著成绩。后来，他不仅在美容解剖学等的基础研究与应用方面硕果累累，还为美容外科学的学科建设和发展，以及在医学美学与美容医学的理论与应用相结合方面硕果累累，为当代中国医学美学与美容医学整体学科及其相关事业的建设和发展，付出了辛勤的劳动，做出了重大的贡献。他与他的门生王志军博士共同研究的 SMAS 科技成果以及美容除皱术的研究和应用早已闻名中外。他主编的鸿篇巨著《美容外科学》（北京科学技术出版社，2003 年）集当代美容外科学之大成，标志着中国美容外科学登上了学科发展的世界新高峰。他不仅与杨果凡、邱武才教授共同创办了中国美容医学学科领域里的第一刊《中国美容整形外科杂志》，而且不辞辛劳、不畏艰难、始终不渝地为之具体操作，把杂志办得蒸蒸日上！

老骥伏枥，志在千里；烈士暮年，壮心不已。近年来，高教授又带领一批中青年学者进军"美容内科学"，且关注"美容医学"在"学科分类"中的应有位置等学术新课题，坚忍不拔地继往开来，勇攀美容医学整体学科建设和发展的一个又一个学术新高峰！

纵观高教授半个多世纪以来的医学奋斗史，他不仅为芸芸众生防病治病而雪中送炭，为爱美人群圆寂美丽之梦而锦上添花，而且从整体观念出发，运用宏观思维方法综合社会科学、人文科学和自然科学精髓来研究医学新课题，他不愧为当代医学领域里的优秀典范和标杆。

整体观念和宏观思维，是中华民族优秀的传统思维方法。高教授科学地运用了这类思维方法，闯出了一条医学创新的阳关大道，他不愧为当代中华学子运用、继承和发扬优秀民族传统文化于医学创新的光辉典范。

总之，高景恒教授在美容医学学科领域里的一系列学术贡献，都是学科建设史上富有划时代意义的科学成果，都将永载中国美容医学学科发展的光辉史册！

今天，再次回忆起若干年前，我曾陪同高景恒教授游历浑河岸边时说过的一段话："高兄，你在我们的学科领域里，志高如珠穆朗玛峰，功高如兴安岭，德高如长白山，寿高如莽昆仑，心宽如太平洋！"

谢谢！

中华医学会医学美学与美容学分会前主任委员
全国高等医药院校美容医学专业教材评审委员会主任委员
《中华医学美学美容杂志》第五届编委会总编辑

2022 年 9 月 6 日于赣西春城

序言三

很高兴应邀，为张晨、王洁晴、尹卫民、王志军等编著的《美，贵有恒——高景恒教授 60 年从医路》写序。首先要感谢这几位年富力强，学术上颇有成就学者的执着追求和辛勤付出，为我们编辑出版了这部图文并茂、印制精美的传记史书，向广大读者隆重推介我国整形与美容学界著名专家高景恒教授在学术上的卓越贡献。

高景恒教授的业绩和成就是多方面的。他曾出任中华医学会医学美学与美容学分会第一届委员会常委，第二、三届委员会副主任委员，为创建和推动"当代中国医学美学与美容学科"及其相关事业发展做出了很大的贡献。他先后主持编辑，并与彭庆星共同主编《临床技术操作规范·美容医学分册》（人民军医出版社，2004 年）、参与编辑和复审全国科学技术名词审定委员会公布的《医学美学与美容学名词》分册（科学出版社，2002 年与 2015 年两个版本）。主编《美容外科学》（北京科学技术出版社，2003 年）、领衔主编《中国美容内科学》（浙江科学技术出版社，2022 年）、任副主编出版《医学美容学》（上海科学技术出版社，1996 年）等大型专业著作，充实和丰富了美容医学整体学科内涵。此外，他还积极参与创办《中国修复重建外科杂志》和《中国美容整形外科杂志》，并长期担任《中国美容整形外科杂志》总编辑。为办好杂志，他呕心沥血、不辞辛劳、严把质量关，并广泛联络和团结国内外专家，把杂志办得极具特色，被纳入国内外核心期刊。

高景恒教授长期坚持刻苦学习，熟悉国内外前沿技术，他视野宽阔、富于创新，在临床实践中发明和改进 20 多种手术术式，抢救过众多危重患者生命，并在国内率先引进肿胀麻醉、微创整形和中胚层疗法等概念。在培养人才和推广新知识、新技能方面，成绩尤为卓著。由他倡导，以中国整形美容杂志社为主，与各省市基层医院合作，在全国各地先后举办过十多期新知识、新技能推广学习班，为国家培养了一大批技术骨干人才，对提高我国整形与美容学术队伍整体水平做出了特殊贡献。

高教授为人谦逊厚道、乐于助人、团结同道，在与我们共同创建和推动中国医学美学与美容医学学科建设数十年历程中，做出了不可磨灭的历史性贡献，并与大家结下深厚友谊，他是一位令人钦佩的学者，更是我们的良师益友。

《美，贵有恒——高景恒教授 60 年从医路》的出版，为整形与美容学界树立了一位德艺双馨、令人尊敬学者的风范，为广大年轻学子提供了可供学习的成才之路，也为美容医学知识宝库增添了丰富内涵。

中华医学会医学美学与美容学分会第一、二届委员会主任委员

中南大学湘雅二医院皮肤科教授

张其亮

2022 年 9 月 12 日于长沙

序言四

It is indeed my honor and pleasure to write this preface of this amazing book dedicated to Dr Gao Jinghengs. With 60 years experience in plastic surgery, it is fair to say, Dr Gao is one of the global leaders in the field. Despite growing up in rural China with harsh living and studying conditions, he had worked hard to become a global leader, teacher, educator and editor of one of China's more important Plastic Surgery Journals—The Chinese Journal of Aesthetic and Plastic Surgery.

In 2009, I was fortunate to meet Dr Gao and signed a collaborative agreement to have two major Plastic Surgery Journals join forces and started The Journal of Plastic and Reconstructive Surgery(PRS). PRS was very fruitful in providing a great interchange of Plastic Surgery peer reviewed information between Chinese and North American Plastic surgeons.

Dr Gao is truly a global pacesetter and leader in Plastic Surgery and has left an amazing legacy with other Plastic Surgery leaders in China to further advance the art and science of Plastic Surgery in China and beyond.

It has been a true pleasure and honor to get to know Dr Gao and his tremendous team and I cannot be more grateful to have Dr Gao as a friend for over the past 10 years.

Rod Rohrich, MD

Clinical Professor of Plastic Surgery-Baylor College of Medicine

Past Chair/Distinguished Teaching Professor of Plastic Surgery-UTSW

Past Editor-in-Chief/ Editor Emeritus of Plastic and Reconstructive Surgery

Founding Partner-Dallas Plastic Surgery Institute

我以能为这本了不起的作品作序而感到非常荣幸和高兴，这本书是献给高景恒医生的。从医60载，他成为整形外科全球领导者之一。他出生在中国贫苦的农村家庭，最终成长为业界领袖、教师、教育家和中国非常重要的整形外科期刊之一《中国美容整形外科杂志》的主编。

2009年，我有幸见到了高医生，并一起为我们两国主要的整形外科杂志之间的合作签署了一项协议。PRS杂志非常富有成效，致力于在中国和北美整形外科医生之间建立一个良好的交流平台，以展示那些经过同行评议的整形外科进展。

高医生是真正的全球整形外科的领跑者和领导者。他与中国其他整形外科的业界领袖所创造的成就，将进一步推动中国及其他地区的整形外科艺术和科学的发展。

在过去的 10 年里，能够认识高医生及其庞大的团队，并成为高医生的朋友，让我感到十分高兴和荣幸。

美国贝勒医学院整形外科临床教授

美国得克萨斯大学西南医学中心整形外科前主任卓越教学教授

《整形与再造外科杂志，PRS》前任主编　名誉主编

达拉斯整形外科研究所　联合创始人

罗德·罗利克 医生

2022 年 9 月 7 日 于美国得克萨斯州达拉斯市

前 言

2021 年 7 月 24 日下午，位于海口市美兰区琼山大道 2 号某酒店大堂里，人声鼎沸、熙熙攘攘，到处都是前来参加 2021 年第十八届全国中西医结合医学美容大会的全国各地专家。由于报到代表大大超过了主办单位的预估人数，很多专家都没安排上住宿的房间。

在酒店大堂，来自大连大学附属新华医院的张晨和王洁晴恰好碰到早一天到达的尹卫民博士，于是 3 人暂时到尹博士的房间闲聊。尹博士问到高景恒教授和夫人王长菊老师的近况，3 人又聊到高教授是否还在编辑部工作以及他对中国整形美容的贡献。

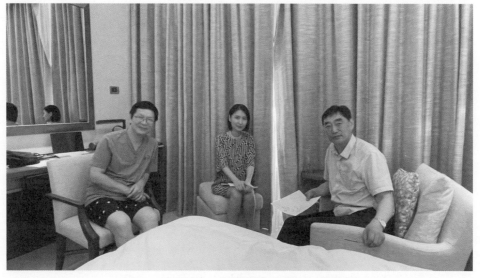

图 1　海南第一次编委会合影（2021）

3人都有这样的想法，可否帮助高教授总结一下他这么多年的工作。这项共识促成了他们想写一本高教授传记的打算，于是3人在微信上建了一个"写作群"，拍了一张合影就算第一次编委会了。

2021年7月30日，中国康复医学会修复重建外科专业委员会第22次全国学术交流大会暨第九届全国委员会换届会议在上海召开。王志军（大连）教授（注：医美界有两个王志军，一个在大连，另一个在南京）和张晨都参加了这次会议。会议期间，张晨向王志军教授谈了他和尹卫民、王洁晴在海口讨论的内容。张晨还雄心勃勃地谈了他的计划，王志军教授对这一想法给予了积极的肯定。

回到大连后，张晨背着高教授悄悄给师母王长菊老师打了个电话，汇报了海口和上海之行的"意外收获"，王老师听后非常高兴，但也不无担忧地说："你们哪来的时间和精力啊？"张晨说："先收集资料，再和辽宁省人民医院的一些老同事联系看看。"后来几位发起人又分别和李衍江、汪晓蕾、夏成俊、刘金超、袁继龙，遵义医科大学魏在荣，曾经在辽宁省人民医院学习过的史灵芝、莫建民以及得到高教授帮助的一些民营医院医生金宝玉、蒲兴旺、李珑等取得联系，都得到了积极的响应。这些支持使他们决心正式开启这项写作工作。

2021年10月9日，杭州"西湖论剑"（杭州整形外科医院谭晓燕教授发起的一年一度的美容外科学术论坛），尹卫民和张晨都是这个会议的骨干分子。他们在会上利用闲暇时间细化了写作的内容和作者分工，大家约定春节前"交卷"，就分头工作了。

由于缺乏写作经验，大家迟迟没有落笔，写作初期进展十分缓慢，大家研究后将交稿日期定在2022年3月15日至4月30日。

高景恒教授何许人也？

他是辽宁省人民医院整形外科的创建者。国内外著名的整形外科专家，二级教授，博士研究生导师，辽宁省优秀专家，原国家人事部、卫生部先进工作者，首批享受国务院政府特殊津贴的专家。在国内整形美容外科的各大专业学会、协会创建早期都能看见他的名字。他在20世纪80年代我国美容外科的萌芽时期出版了国内第一部美容外科专著《实用美容手术》。后期又出版了美容外科巨著《美容外科学》。他还是我国修复重建外科专业的创始人之一，也曾是美容医学专业里的美容外科学科带头人。他参与创办了《中国修复重建外科杂志》和《中国美容整形外科杂志》两本在国内整形美容方面有重要影响的学术期刊。21世纪初，他通过多方努力，促成了《中国美容整形外科杂志》与国际顶级整形外科杂志 Plastic and Reconstructive Surgery 的合作，被传为业界佳话。

2010年，他与上海交通大学医学院附属第九人民医院王炜教授、中国医学科学院整形外科医院院长曹谊林教授一道受邀出任美国 Plastic and Reconstructive Surgery 的编委，达到了其学术地位的顶峰。

2015年，80岁的高景恒教授受浙江科学技术出版社之约，主编国际上第一部《中国美容内科学》（原名《美容内科学》）。目前这本巨著已交出版社并被列为2020年度国家出版基金资助项目，预计于2022年7月底出版。

2017年，高景恒从辽宁省人民医院退休，被辽宁省人民医院回聘为整形外科名誉主任，每周还出一次特需门诊，同时兼任《中国美容整形外科杂志》终身名誉主编，每天仍坚持查资料，写文章。

高教授从医近60年的生涯中，救治过众多危重患者。有些患者的生命是高教授用过硬的医学本领从死神手中夺回来的，还有些患者因为高教授的努力保住了即将截掉的肢体。他还发明、改良过20多种手术术式，使手术和治疗更加有效。他在国内率先引进肿胀麻醉、微创整形、中胚层疗法等概念。

这就是本书的主人公——高景恒教授。

金宝玉医生曾作的一首词《柳梢青·高景恒》：

医坛翘楚，高公景恒，育人厚德。

美学其时，学贯其身，治学唯谨。

远疏地位名誉，苦心志，学富五车。

学术经典，传承人文，人之楷模。

当然，他还因支持某种注射填充材料而备受争议，但这不影响他在我们心中是一个优秀的医生、科学家、严师、慈父等高大的形象。我们将利用本书详细介绍高教授在整形外科及医疗美容等方面所做的工作，揭示一个医学生是如何成长为一名优秀的整形外科专家的。

张 晨

2022年4月于大连

目　录

1 起步星海

20 世纪 20 年代，军阀混战，民不聊生。广大农村地区经济凋敝，民众生活日益紧迫。自然灾荒、匪盗兵燹（xian）、苛捐杂税，加之帝国主义的经济侵扰等社会问题的推波助澜，以及严重缺乏土地等因素导致农民长期贫困交加，挣扎在生死线上。在经济萧条的情况下，有些农民"全年所得，足以维持全家一年生活者，每村寥寥无几"。而生活在社会底层缺乏土地、一贫如洗的贫苦百姓更是步履维艰。

贫苦出身

那时东北地区人烟稀少，大部分土地处于未开发状态。很多关内的贫苦农民，都把闯关东作为一条生路，河北大名府一个不足 20 岁的小伙子就是其中之一。他只身一人，随着逃荒的人群来到了松花江畔的吉林省吉林市。这个小伙子就是高景恒的父亲高清海。

吉林市，位于吉林省中部，是当时的吉林省省会。它位于长白山区向松嫩平原的过渡地带，自然环境优越，地貌类型复杂，有"远迎长白，近绕松花"之势。这里资源丰富，物产丰饶。因而，是逃荒者的理想栖息地。

清海初来乍到，无依无靠，只能靠做些小买卖维持生计。他忠厚老实，勤俭持家。慢慢地，生活上稍有盈余，与一个本地女子成家。1935年5月，高景恒就诞生在这个贫苦的家庭里。高景恒出生后，家庭负担日益加重。他的父亲越发感到这样下去不要说培养孩子，即使是全家吃饱都是问题。恰在此时，大山里的林场招工。由于伐木可以增加些收入，高清海凭着一身好力气做了伐木工人。这样，高景恒随父母搬到了林场所在地——吉林市舒兰县。

图1-1　高景恒与父亲高清海（1959）

图1-2　高景恒的母亲（1942）

少年得志

舒兰是满语果实的意思。对于高家来说，在舒兰他们确实收获了人生最丰厚的果实。他们聪明好学的儿子，在舒兰马鞍岭村的小学里学习刻苦且一直名列前茅。1949年，高景恒作为全校唯一被吉林市第一初级中学录取的学生开启了中学生涯。3年后，他又被保送至吉林市第一高级中学。

图1-3 高景恒回到曾经学习过的马鞍岭小学（1996）

高中时期的高景恒是一个德、智、体全面发展的好学生。他既是班级的军体委员，也是学校的团干部和文艺队的骨干分子。也正是在学校宣传队和共青团的工作，使高景恒认识了同样是团干部的王长菊同学。共同的人生观使他们的友谊发展为爱情关系，最终结成相伴60多年的人生伴侣。

图1-4　高中团支部成员合影（前排右一为高景恒，1955）

　　现代定义恋爱为两个人在一定的物质条件和共同的人生理想的基础上，能够在各自内心形成对对方的最真挚的仰慕，共同生产、生活，并渴望对方成为自己终身伴侣的最强烈、最稳定、最专一的感情。年轻就有恋爱的资本！况且我国1950年《中华人民共和国婚姻法》规定的法定婚龄还是男20岁，女18岁。因此在当时的历史背景下，高景恒和夫人王长菊的恋爱既符合那个时代的特征，也符合现代赋予恋爱的定义。

　　总之，他们的相恋并未影响到高景恒在高中时代的学习，相反，对高景恒的学习生活是一种鼓励。而恋爱的另一方王长菊的各方面也非常优秀，高中还没有毕业的她，就被团市委从吉林市第一高级中学调出，充实到吉林市第一女子初级中学做团干部兼历史老师。后期，在高景恒考上大学后，王长菊也不甘落后，于1958年考入东北师范大学历史系。

留苏预备生

1955 年春，临近高中毕业时，学习一贯优秀的高景恒入选留苏预备班准备赴苏联留学。中华人民共和国成立后，为应对国内人才资源严重稀缺的困境，中国提出了向苏联学习社会主义建设经验，并掀起了轰轰烈烈的留苏热潮。

可以看出，在那个年代能去苏联留学是所有学子的梦想，能被选中的都是最优秀的学生，也非常值得骄傲和自豪。然而，各方面条件都非常优秀的高景恒却因体检时有龋齿而不幸落选。

不能留苏，学校仍没放弃助推这个优秀学生的机会，他们又保送高景恒到哈尔滨军事工程学院。可是命运总是如此捉弄人，你越担心什么，它就越给你安排什么。这一次，高景恒的军工梦又因体检时瘢痕体质而落空。

面对两次保送失败的双重打击，换作常人或许就一蹶不振了，可是接下来还要面对高考。由于此前高景恒几次入学都是保送，他并未对高考做太多准备。而此时距离高考还有不到两个月的时间了。但是，高景恒偏偏要把命运把握在自己的手里。他争分夺秒地复习功课，加之平时学习扎实的底子，竟然考上了他心目中理想的大学——大连医学院（现为大连医科大学）。

在谈及为什么报考医学院时，高景恒说，他在上高中一年级的时候，母亲因先天性心脏病去世了。家里为了给母亲治病，几乎花光了所有积蓄。年少的高景恒不明白，为什么花光了家里的钱都不能治好母亲的病？他学医是想弄明白母亲的病到底是怎么回事。

大学时光

20 世纪 50 年代，是一个激情燃烧的年代。从旧中国得到解放的劳苦大众，第一次当家做了主人。人们都以饱满的热情投入到社会主义国家的建设中去。在国家第一个五年计划中，国民经济已经得到全面恢复与初步发展，政治趋于稳定，经济秩序恢复正常，社会秩序较为安定，加快经济发展成为全国人民的一致要求。举国上下一片蒸蒸日上的繁荣景象。

高景恒正是在这个时候走入了一直梦想的大学校园，开启了他的人生医学之旅。在离开吉林之前，高景恒和他的爱人王长菊也步入了婚姻殿堂。

图 1-5　高景恒与王长菊结婚照（1955）

校园的生活丰富多彩，特别是在北方这座海滨城市，校园内更是充满欢歌笑语。然而，高景恒并不为这些浪漫的生活所动。尽管学校就坐落在美丽的星海公园附近，高景恒却很少光顾，他把所有的心思和精力都放在了医术的钻研上。由于学习勤奋刻苦，他的功课门门都是5分。此外，上学期间，他还积极参与了学工、学农的活动。1957年，大连医学院开始建设附属第二医院。据高景恒回忆，当时他和许多学生一道，利用业余时间参加了附属第二医院的建设，他们通过搬砖、抬预制板等劳动为附属第二医院的建设贡献了自己的力量。

图1-6 当年的大连医学院正门

大学时代的高景恒是全年级的三好学生。学习之余，他还翻译了一本俄文版的《生理学》。由于学习成绩突出，思想要求进步，高景恒从学生中脱颖而出，他很快成为班级的学生干部，并在学生时期递交了入党申请书。

图 1-7　高景恒在大学期间获得"勤工俭学奖"

实习期间，高景恒作为实习组长，带领一个实习小组前往偏远的长海县做防疫工作。长海县地处辽东半岛东侧，黄海北部海域。该县由 195 个海岛组成，其中有人居住的岛有 18 个，是东北地区唯一的海岛县。由于远离大陆，交通不便，各个岛上的医疗资源都非常匮乏。

据高景恒回忆，他和同学们坐着渔船在海上颠簸 4 个多小时才到达县政府所在地大长山岛。由于很多同学晕船，在去往各个岛屿的船上经常呕吐不止。即便如此，他们的足迹仍然遍及包括大小长山岛、獐子岛、广鹿岛及最远的海洋岛等每一个岛屿。在岛上，他们积极开展义诊活动，为广大渔民介绍卫生健康知识。渔民们对这伙来自大连的年轻医生赞不绝口。

从住院医到专科医

回到附属医院实习后，高景恒更是以其扎实的基本功很快得到老师们的认可。1960 年 3 月，由于成绩优异，仍在实习的高景恒与另外 8 名同学提前毕业，被分配到大连医学院附属第一医院中西医结合急腹症治疗研究组，参加查阅资料、动物实验等工作。直至 1960 年年末，他们被调回到附属第一医院外科教研组。

图 1-8　带领实习学生到鞍山实习（前排左二为高景恒，1964）

　　作为外科的住院医师，高景恒每天 24 小时吃住在医院，一干就是 4 年。这期间，他在外科的各个专科间轮转，打下了非常坚实的外科基础。这些扎实的功底为他日后在辽宁省人民医院实施食管再造术、膀胱外翻修复术都奠定了雄厚的根基。1964 年，由于工作突出，学校选派高景恒作为带队老师，带领实习学生到鞍山市第一人民医院实习。

　　1965 年，圆满完成带队任务的高景恒回到大连，成为同期同学中第一位外科住院总医师。

　　在我国的公立医疗体系中，实施三级医师负责制。三级医师包括住院医师（初级）、主治医师（中级）、副主任医师和主任医师（高级）。在治疗疾病的过程中，每一级医师的职责不同，负责的工作内容不同。各司其职，确保医疗有效而安全。医师随着年资增加、经验积累和水平提升达到上一个层次的时候，通过考试和评审获得晋升。在大型医院，由于住院医师比较多，要求医生从住院医师晋升至主治医师前，必须做 1 ～ 2 年的"住院总医师"。住院总医师在医院里简称为"住院总"。他（她）们全天 24 小时不离开病区及医院。其地位高于一般的住院医师，但不及主治医师。他们负责协调住院医师的相关事务，有些医院还代为执行"科主任秘书"或"行政科主任"的职能。一般情况下，住院总由教研室负责从优秀的住院医师中优先选拔。

图 1-9　20 世纪 60 年代的大连医科大学附属第一医院，高景恒毕业留校在这里工作

　　从上述住院总的介绍中能看出，高景恒一定是同期同学中的佼佼者。也正是由于高景恒的优异表现，在完成一年的住院总后，他被烧伤整形外科主任徐振宽教授相中，调入烧伤整形病房。

　　徐振宽教授是大连医学院附属第一医院烧伤整形外科的创

图 1-10　高景恒教授整形外科启蒙老师徐振宽教授（2006）

始人，早年毕业于大连医学院的前身——关东医学院。学生时期，徐教授就是中国共产党的地下党组织成员。对原旅大市（1949 年 4 月 1 日，大连与旅顺合称为旅大市。1981 年 2 月，经国务院批准改称大连市）的解放和关东医学院的接收做出过贡献。抗美援朝时期，徐教授参加了张涤生教授牵头的战伤医院救助伤员的工作，也和张教授学习了烧伤及整形外科知识。抗美援朝结束后，徐教授在大连医学院附属第一医院创建烧伤整形科。1956 年，为提高业务水平，徐振宽教授到原上海广慈医院（今瑞金医院前身）颌面外科进修，在时任颌面外科主任张涤生教授的指导下系统学习整形外科，学习结束后率先在大连开展整形外科工作。

　　徐振宽教授非常喜欢这个新来的弟子。入科不久，高景恒被派去上海参加了一个显微外科会议。回来后，高景恒被安排在实验室，主要的工作是通过动物实验，训练吻合小血管的技术。

南迁遵义

1969年5月，一辆专列从大连站出发，目的地是相距约3000千米之外大西南腹地的革命圣地——遵义。这就是大连医科大学和遵义医科大学两校发展史上的里程碑事件——大连医学院南迁遵义。由于此次南迁是根据中共中央的战略部署、经国务院批准决定的，因此，南迁的"大医人"都抱着壮士一去不复返的决心离开大连的。高景恒也做了充分的准备。他和

图1-11　大连火车站站台上，挤满了大连医学院的教职工、医护人员，他们前来为第一批奔赴遵义的同事送行（1969）

夫人王长菊都是家里的独生子女，此去不知何年能回。因此，他们带上了家里的3个孩子和3位老人。3个孩子中女儿高桢14岁、儿子高峰7岁，而最小的高岩，才出生两个月。3位老人包括高景恒的父亲和继母以及岳母，高景恒的岳父因为还在吉林工作，没有一起随行。高景恒夫妻把照顾年老体弱者的卧铺让给3位老人和两个年龄大的孩子，他们自己则抱着高岩坐在硬座车厢里。列车途经辽宁、河北、北京、河南、山西、陕西、四川等地，历时4天到达遵义。在那里，高景恒开启了另一段精彩的人生……

（张　晨，王洁晴）

2 遵义岁月

高景恒 1969 年来到遵义，1983 年离开遵义。

在遵义工作的 14 年间，高景恒给大家留下的印象是：医术精湛、与人为善、为人师表、视患者如亲人。

在他的人生历程中，虽然遵义的经历很短暂，但他留给大家的，却是一生都用不完的财富。

救治烧伤患者

高景恒的家里，堆着一摞泛黄的工作手册和学习笔记，那是他在遵义工作期间的日记，记录着他工作的点点滴滴。透过笔记和夫人王长菊的回忆，高景恒在遵义工作的画面徐徐展开。

1969 年 5 月 9 日，高景恒全家来到遵义。当时的遵义医学院附属医院（现遵义医科大学附属医院）还处于最初的建设阶段，只有一栋大楼。所有的临床工作都在这座楼内，行政办公则在这座楼的地下室。这种条件下烧伤科不能开诊，也没有病房。因此，他们到达遵义后，高景恒白天要参加劳动，晚上

图2-1　高景恒教授日记，每个日记本都是一个整形美容的专题，里边详细记载着他的读书笔记、手术心得

还要参加其他的工作。

医院边建设边开诊，到1970年这所坐落在大连路上的"大连医院"（当地人对医院的简称）每天的门诊量超过3000人，医院的业务也不断扩大。

1970年7月，遵义医学院附属医院烧伤科门诊正式开诊。1971年，烧伤科有了病房，再后来发展成为烧伤整形病房。今天的遵义医科大学附属医院仍然是当年遵义医学院年代一样的布局，烧伤病房是整形外科一个病区，很多医院都是这样的布置，可能整形外科早期是以烧伤患者整形为主，就这样沿袭下来。

图 2-2　原遵义医学院老楼

20世纪七八十年代国家经济落后，医院住院床位严重不足，医疗设施也都非常简陋。遵义医学院附属医院烧伤病房的烧伤科（组）和整形外科（组）与小儿外科病房、皮肤科病房共用旧楼的南三楼，条件十分艰苦，病房办公室里还是从大连带去的过去年代笨重的桌、椅、沙发。

两间狭小的烧伤重症室各摆放一架供全身大面积烧伤患者专用的翻身床，四周勉强可以通过一个人。由于患者需用烤灯，以保持创面干燥和保暖，室内温度大多在 32℃ 左右，对于穿了上班衣服外面又再穿上厚厚布料的手术隔离服的医生，稍微活动便满身是汗。

据原遵义医学院附属医院副院长王玉明回忆，他第一次认识高景恒老师是在外科轮转期间到烧伤病房报到时，当时高老师仰卧在烧伤翻身床下面为重症烧伤患者修剪腐烂的痂皮，患者身上的脓血痂皮不时掉在没戴隔离面罩的高老师脸上。尽管当时王玉明已经在外科其他科室轮转了3年多，但第一次踏进烧伤病房就惊叹烧伤科医生之工作真的必须不怕苦、不怕脏。

到烧伤病房轮转后慢慢熟悉了病房的老师们，了解到徐振宽教授1958年在上海瑞金医院参加了炼钢工人邱财康的抢救，在全世界首次治愈了烧伤面积90%以上的患者。高景恒老师在遵义医学院附属医院期间多次组织抢救烧伤面积70%以上的伤员获得成功。其中遵义某工厂子弟的双胞胎兄弟被汽油烧伤，哥哥烧伤面积超过70%，多次病危，弟弟病情较轻。兄弟俩在高景恒组织下抢救成功。多年过去后，烧伤的孩子娶妻生子，过上了幸福的生活。这家人经常来看望和感谢高医生，至今还和高景恒一家保持联系。

高景恒对伤病员有极大的医者仁心，有一次收治了一个从贫困山区务工来的患者，颅骨外板外伤后严重感染，掀开那个又脏又臭的帽子，满头密密麻麻的蛆虫不停地挤掉下来，在场的人闻到那浓烈的恶臭味都不愿靠前，加之看到创面上一大堆蛆虫，早已全身起鸡皮疙瘩，可是高景恒却非常耐心地为患者清除那仿佛无穷无尽的从破损的颅骨缝隙钻出来的蛆虫。

王玉明说："高景恒老师良好的医德医风教育了我们，多年过去了，我也用高老师的医德医风教育年轻的医生们。"

然而，在当时的医疗条件下，仅凭旺盛的工作热情是不够的。因为缺医少药，烧伤科的治疗采取的是中西医结合疗法。从当地的一个中医那里得知鸡血藤对治疗瘢痕有效。为了控制

烧伤创面愈合后的瘢痕增
生，高景恒带领科内同志
利用周末休息时间到当地
的金鼎山上采集草药。"我
记得当时他是到金鼎山去
采中草药，几乎每个周末
都要去。"王长菊回忆道。
由于高景恒在工作中表现
优异，这一年他光荣地加
入了中国共产党。

图 2-3　高景恒上山采药的照片（中间为
高景恒）（1972）

进修——开启整形大门

1973 年年初，高景恒被老师徐振宽派往上海第九人民医院

图 2-4　徐振宽教授（前排左四）在上海广慈医院学习整形外科
时的照片（左三为张涤生，1956）

进修学习。早年徐振宽教授曾在上海广慈医院随张涤生教授学习烧伤整形。正是这层关系，高景恒在徐振宽教授的推荐下才得以前往上海学习。

上海交通大学医学院附属第九人民医院的前身"伯特利医院"创建于1920年。1952年更名为上海第九人民医院，1964年正式成为上海第二医科大学附属第九人民医院，现为上海交通大学医学院附属第九人民医院（以下简称上海九院）。1966年张涤生带领上海广慈医院整形外科迁至上海九院，更名为整复外科。在张涤生教授的带领下，从建科之初的几十张病床，六七位医生，逐渐发展壮大，成为当时国内有名的整形外科中心。

关于高景恒在上海九院进修、学习和生活的情况，我们采访了上海九院整复外科终身教授王炜老师。王炜教授虽然小高景恒2岁，但因进修期间高景恒在王炜所带的治疗组学习，

图2-5　高景恒在上海九院进修时与张涤生（右四）等合影（1973）

既是高景恒的老师，也是非常要好的朋友。他们亦师亦友，此后建立了半个多世纪的友谊，在整形外科业界传为佳话。

现今王炜教授已 85 岁高龄，当我们提出采访他时，他欣然接受。谈起老朋友，王炜教授非常激动。他说："高景恒当初就在我的组里学习。"

据王炜教授回忆，当时全国很多医院的整形外科被解散，所以国内绝大多数的整形患者都集中到了上海九院。由于整形外科床位严重不足，等待住院的患者达 3000 多人。为了最大限度地缓解床位不足的问题，时任原上海医学院党委常委和上海九院党委常委、副院长的王炜教授将自己的行政办公室都改成临时病房，搭上地铺收治患者。后期连党委会议室都收上了患者。手术从周一做到周日，根本就没有休息时间。高景恒也和科室的医生一样日夜奋战在医院，不愿放弃任何一台手术。这样不仅得到了难得的学习机会，也与上海九院的老师们更多地解决了患者的痛苦。

由于张涤生教授的患者多数放到王炜教授的组里，因此高景恒非常幸运地很早就得以接触到了张涤生教授。作为进修医生，能和张涤生教授同台并非易事。由于高景恒既聪明又能干，他得到了张涤生、王炜等上海九院老师的信任。谈及对高景恒的印象，王炜教授说："老高非常聪明，是个十分优秀的人，也是一位真诚的、全心全意为人民服务的技术优良的医生。我们每天早上一起查完房，然后高景恒和我们一起上手术。由于老高非常聪明好学，我们也非常信任他。因此在手术方面还是非常放他的（医院里带教老师放手让学员操作的一种说法）。

如做双手畸形，我先做一侧，另一侧就由他来做。"

高景恒十分珍惜在上海九院学习的机会。只要有时间，他都在医院参加科里的查房、手术、换药。因事无法参加的手术，也要向其他医生了解手术的设计和操作。

那时，大连医学院刚刚南迁不久，很多遵义医学院的员工还要回大连处理这样那样的事宜。当时来往于遵义和大连最便捷的路径就是坐火车从遵义到上海，再从上海坐船到大连。因为大家知道高景恒在上海，所以，经常托他帮忙去接站转车、转船。一天，张涤生教授要为一个小睑裂并宽鼻症的患者做手术。不巧的是，遵义医学院附属医院的眼科教授李辰带领一批

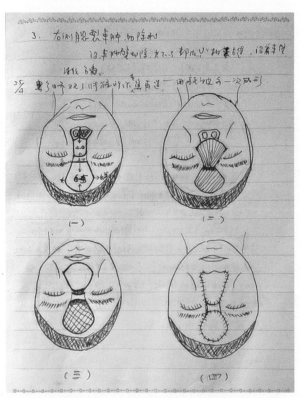

图2-6　高景恒日记本中画的手术过程（1973，于上海九院）

患者在上海转船回大连。李辰教授请高景恒协助转送患者去码头，因此高景恒没有参加这台手术。

回到医院后，他请当天参加手术的进修医生罗锦辉（进修时为第四军医大学整形外科医生，后任原第一军医大学南方医院整形外科主任）给他讲述手术的过程，然后将手术设计和手术过程认真仔细地记在笔记本上，还配上了自己绘制的手术设计图。就是这样，高景恒在上海九院进修期间，全面掌握了当时整形外科最先进的技术。他参与王炜教授的第二趾再造拇指的手术，也为他日后在遵义做小儿第二趾再造拇指手术奠定了基础。

协助上海九院申办整形医师进修班

即使上海九院的整形外科使出浑身解数，仍无法满足来自全国各地患者的需求。为此王炜教授准备举办一个全国的医师进修班，让有条件的医院派 2 位高年资医生、1 名护士和 1 名麻醉医生来上海九院学习。学习后回当地建立整形外科专科，以尽快将患者分流到各个地方去。

但这种想法需要征得卫生部的同意，为此王炜和张涤生教授要去北京向卫生部的领导当面陈述这件事的必要性。由于这时张涤生教授刚刚恢复工作，对医院的情况尚不够了解，因此，两位教授竟带上了还是进修生的高景恒一同前往。说明高景恒在老师们的心里是占有很重要位置的，这也是对高景恒工作能力的一种肯定。

图 2-7 高景恒在上海九院进修期间随张涤生、王炜进京申请培训班事宜，受到北京大学第三医院整形外科创始人朱洪荫的接待（左起高景恒、张涤生、朱洪荫、王炜）（1974）

在北京期间，高景恒随老师们参观了北京大学第三医院（以下简称北医三院）整形外科，进一步加深了自己对整形外科的了解。

由于业务能力强，进修期间，上海九院领导提出希望高景恒能留院工作，但考虑到遵义尚有众多患者等待治疗，他婉言谢绝了这次非常宝贵的留在上海九院工作的机会。后期，眼科教授李辰奉命调往暨南大学工作，也表达了想带高景恒一同去广州的想法，也被高老师婉言谢绝了。

这里顺带介绍一下眼科教授李辰。李辰，1916 年 10 月出生于中国台湾嘉义，曾用名邱林渊。1940 年 3 月台北帝国大学医学部毕业后留校任教；1945 年 10 月获台北大学医学博士学位；1945 年 8 月至 1949 年 2 月任台湾大学医学院讲师、副教授、眼科主任；1949 年 2 月，经香港地下党安排离开台湾到香港，经过朝鲜到东北解放区参加革命。1949 年 4 月起先

图 2-8 高景恒与李辰教授（中间者）等在遵义医学院（1980）

后任大连医学院眼科主任、副教授、教授；曾任大连医学院附属第一、第二医院副院长；1969 年 5 月任遵义医学院眼科主任、医学院副院长；1979 年 5 月调任暨南大学副校长，并任医学院眼科主任、教授。李辰教授在我国眼科界属于泰斗级专家，是我国最早开展角膜移植手术的专家之一，异种角膜移植方面在国内领先，达国际先进水平。李辰教授治学非常严谨，对人要求也非常严格。能得到他的赏识，也说明他对高景恒的认可。

进修结识罗锦辉

罗锦辉，整形外科教授，硕士研究生导师，毕业于第四军医大学，毕业后一直从事整形外科专业。曾担任原第一军医大学南方医院整形外科主任。1973年，在原第四军医大学西京医院（以下简称西京医院）整形外科工作的罗锦辉受汪良能教授推荐到上海九院整复外科进修。

据罗锦辉介绍，当时整复外科与口腔颌面外科以及其他外科在一栋大楼里。张涤生、王德昭、黄文义、王炜都是他们的带教老师，同时进修的医生还有2~3位，由于年代久远，已经记不太清楚是谁了。可是，他一直记得高景恒。因为他们两个人住在一起，就在科室楼顶的简易宿舍里，住在楼顶的还有黄文义。

回忆起当时的进修生活，罗锦辉教授非常有感触。他说：张涤生教授特别关照他和高景恒。他们每人管6~7张病床，主要是收治烧伤瘢痕挛缩、唇腭裂，还有部分颌面畸形的患者，同时还要跟老师们出门诊。平时接触最多的就是切疤植皮或者转皮瓣。门诊手术也以局部麻醉治疗型手术为主，偶尔能看到张涤生教授和王德昭教授做双眼皮手术。第一次见到美容大手术是张涤生教授给一位50多岁的女演员做除皱年轻化手术，以便她能演更多的角色。

罗锦辉说：他和高景恒很投缘，也都爱看书，经常下了班就待在宿舍里抓紧时间学习，记笔记，相互探讨白天的手术心得。有时看书太晚了，肚子饿了，两人就跑到上海九院对面的小店吃一碗馄饨，要么就买一份猪耳朵，两人一起喝点小酒聊聊天，特别开心！高景恒也常常回忆起那段美好时光。他说：罗锦辉在部队工资高，他请吃小笼包。自己在地方，工资低就只能请碗面条。

虽然那时还是特殊时期，但是，高景恒和罗锦辉都不管周围发生的事情，一门心思学习，加上高景恒教授开朗活泼，与人相处特别好，大家都很喜欢与他交往，罗锦辉也沾了他很多光。两人相处一室一年，结下了非常深厚的友情，这种友情一辈子都不能忘记。进修结束后，他们就回到各自单位，把学到的本事发扬光大。此后两个人经常保持着书信往来，后来常常在各种全国会议上碰面，都是相见甚欢，都会非常激动和高兴地回忆起上海九院这一年进修时的美好而难忘的时光。

精湛医术获业界肯定

1974 年，高景恒进修结束回到遵义。正值遵义医学院附

图 2-9　高景恒与遵义医学院附属医院烧伤整形外科全体医护人员（前排左四魏在荣，左五王达利，2017）

属医院大外科分科，他到了烧伤整形外科，主攻整形外科。不久，他制订了"整形外科科研计划"。

整形外科发展很快，而且需要用到英语，而高景恒的高中和大学学的是俄语，英文基础较差。为了业务需要，他白天工作，晚上练习英文。他始终坚信："一辈子没有干不成的事。"他买来了电唱机，每天一有空闲时间就学习英语。

从1974年到1977年，高景恒先后撰写并发表了4篇综述，引用了国外的一些好做法，引起业界人士的高度关注和赞赏。

1978年，高景恒成功完成了当时世界上最小年龄儿童的第二脚趾游离移植再造拇指手术，这例手术被评为国际首例。

同时，他发表的这篇题为《第二脚趾游离移植再造小儿拇指晚期观察》的文章发表在《中华医学杂志》，在业界引起极大反响，有美国、德国、苏联、意大利等8个国家来函索取原文。而高景恒，也是国内最早的《显微外科手术手册》的主要作者之一。

回忆高景恒在遵义医学院附属医院烧伤整形外科工作的经历时，王玉明告诉笔者，高景恒精湛的医疗技术，在当时获得了同行们的广泛认可和赞赏。工作中，他不仅严格要求自己，更重视对年轻医生的培养，为遵义医学院附属医院烧伤整形外科的持续发展打下了坚实基础。

王玉明回忆，为提高科里年轻医生的业务能力，高景恒除了在临床上耐心教导以外，还要求科里的年轻医生每周交一篇学术方面的英文论文译稿，每季度交一篇以外文资料为主的文献综述。当时科里有8位年轻医生，每周末至少有8篇译文要

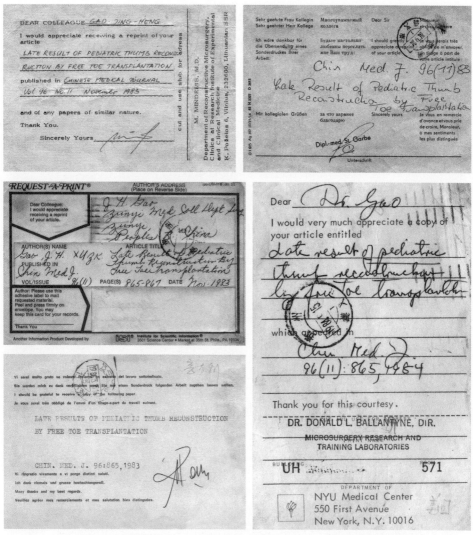

图 2-10 国外来信索取《第二脚趾游离移植再造小儿拇指晚期观察》论文的复印件

交给他审。

　　高景恒利用业余时间审完这些文章后，又耐心地给每位医生讲解。当时科内有位医生选择的是"胃泌素"方面的文章，并不是高景恒的专业，可到了星期一，他仍指出了译文中存在的专业知识和翻译技巧问题。"从这一点上可以看出，高景恒一向要求年轻人'必须在广博的基础上研究精尖'。"王玉明说。

在遵义医学院附属医院工作期间，高景恒先后发表了《第二脚趾游离移植再造小儿拇指晚期观察》《游离皮瓣移植 19 例报告》《游离皮瓣移植在烧伤畸形处理中的应用》《小腿移位再造一例报告》《神经束吻合的定向问题》《关于胸三角皮瓣的临床应用》《保留冀钩和唇腱膜的修复腭裂技术》《颈部疤痕挛缩畸形的手术治疗》《皮管在小腿移植再植后期处理中的应用》《真两性畸形三例报告及国内文献复习》《先天性

图 2-11 20 世纪 70 年代遵义医学院附属医院外科教研组的部分骨干医生，他们很多人后来都成为国内著名的外科学家（左起前排二为骨科专家吴汝州，前排四为原遵义医学院院长、外科专家陈荣殿，前排六为原大连医学院校长叶兴杰，前排八为整形专家徐振宽，前排九为胸外科专家朱维纪，二排四为原遵义医学院校长、胸外专家李绍求，二排五为儿外科专家王兴国，二排六原遵义医学院校长于志豪；后排四为普外科专家杨春明，后排五为高景恒，等等）

阴道闭锁合并直肠前庭瘘个案报告》《呼吸道烧伤的诊治（附19例报告）》《呼吸道烧伤所致呼吸窘迫综合征的防治（附25例报告）》《骨髓腔代替静脉回流骨移植的实验研究》《血管扩张药对皮瓣成活影响的实验研究》《妥拉苏林和酚妥拉明对皮瓣成活影响的实验研究》《测定皮瓣皮温意义的重新估价》《颈胸轴心皮瓣、肌皮瓣文献综述（1）》《躯干与四肢轴心皮瓣、肌皮瓣文献综述（Ⅱ）》《国外小血管吻合方法的新进展》《移植皮瓣的成活与血管化（综述）》等20多篇论文。

这些论文，既是高景恒当时医疗技术的很好体现，也是他在遵义医学院附属医院辛勤工作的最好印证！

视患者如亲人

"高景恒对患者很好，不管患者来自哪里，是什么身份，他都像亲人一样对待。"谈到高景恒，原遵义医学院附属医院副院长王玉明如是说。

诸如高景恒躺到床下，通过床的缝隙给患者换药等类似的"小事"，在烧伤整形外科的病房里随时可以见到。高景恒以患者为中心、视患者为亲人的这些行为，影响着科里的每一位医生，也让他们明白，只有把患者的疾苦始终放在自己最高的位置，才能成为一名合格的医生。

当时，遵义医学院附属医院烧伤整形外科的床位只有15张，因为口腔科没有成立，颌面外科的手术患者也属整形外科，很多患者等床位时间多达几个月，尽管想了很多办法，仍然难以解决住院难的问题。

在此情况下，高景恒带着一批年轻医生，把大量的美容外科手术和一些小的整形外科手术放在门诊来完成。病房的工作量也很大，几乎每天都是上午完成病房工作，下午开展门诊手术工作。科学研究和科研的动物实验全是在夜间来完成。

每天，高景恒早上 7 点上班，常常忙到晚上 11 点后才能回家休息。

那些年，为了患者的利益和学科建设，高景恒呕心沥血。在他的带领下，遵义医学院附属医院烧伤整形外科得到迅速发展，科室不仅开展了复杂的瘢痕整形、全面部植皮、静脉皮瓣移植、阴囊皮瓣修复尿道下裂等当时的难、新整形手术，还在省内率先开展了复杂瘢痕整形、面部除皱、自体骨移植隆鼻等美容手术。而"药物对皮瓣存活的影响""静脉皮瓣存活的血供模式研究""面部细微解剖"等课题，也是在那种条件下完成的。

同事眼中的好老师

"高景恒是我走上整形外科医生道路的恩师。"王玉明回忆，当时他一直在遵义医学院附属医院外科轮转，主要是在骨科、心胸外科和其他专科。1979 年，他进入遵义医学院附属医院烧伤整形外科工作，更多地得到恩师高景恒的指点。

整形外科群星荟萃，是一个知名老师比较多的专业，高景恒在这些老师里面很有特色，他不仅在理论上达到了一个很新的高度，而且对临床工作花了很多精力和工夫。所以当时他发表了大量的医学论文，在我们国家乃至全世界的整形外科方面都有很大影响，他的小儿手指断指再造技术，在当时的国际上享有盛誉。

图 2-12　20 世纪 80 年代初高景恒在遵义医学院附属医院整形外科给医生们讲课

"当时，我跟着高景恒，从理论学习到实际操作，不断提升自己，使自己后来能够成为遵义医学院附属医院烧伤整形外科的学科带头人，能够在国内、省内有一定的知名度，这些都得益于恩师的教导。"王玉明说。在他眼里，高景恒是一位让人尊敬的好老师，他始终为人师表，无论在工作中还是生活中，都严于律己。

在烧伤整形外科，高老师的严厉是很出名的，他对学生、对年轻医生要求一丝不苟，一个手术的操作细节、一个病历书写的规范、每次查房的语言规范，他都按照教科书上严格要求。而且要求科里的医生必须头脑清醒。

"你手下可能会有什么神经，有什么血管，你都要在手术前一天晚上反复地看解剖学的书。"高景恒甚至要求年轻医生，在手术前一天要到解剖实验室去一次一次地练习，看看理论知识和实际操作上有没有误差，保证手术台上每一个细小的动作都能够精准。

正是高景恒从理论到临床工作上不厌其烦的教导和指点，才使遵义医学院附属医院烧伤整形外科更多的医生成为对疾病能够提得起、做得好的医务工作者。

孝心被传为佳话

1973 年，高景恒的岳父退休后也来到了遵义，一家人总算团聚了！或许很多年轻人无法理解，和对方父母常年相处容易出现矛盾，而双方父母同住一个屋檐下，还包括高景恒的继母，那样的一大家人会是怎样的生活。然而，认识高景恒的人都知道他家是个十分和睦、融洽的大家庭。

当时，他在遵义地区医院（现遵义市第一人民医院）教学的时候，父亲每天下午都要推着自行车到医院等他。爷儿俩一前一后往回走，谁也不说话，但他们父子情深的形象，在整个医院传为佳话。

每天下午，当高爷爷要去接儿子的时候，人家就问他："你去干什么呀？"老人说："我去买菜。"但大家都知道，他不是买菜，而是去等他的儿子。岳父、岳母也是一样，高景恒没有下班，他们就不吃饭，要一直等到他回家一起吃饭。

图 2-13　高景恒在遵义期间就住在这栋红砖楼里

高景恒和夫人王长菊都是独生子女，所以，当时他被安排到遵义工作时，双方的父母都跟随着他们一起到遵义生活。在4位老人的心目中，高景恒很有孝心，也是值得他们信任和依靠的。

高景恒的夫人王长菊在给笔者讲述遵义生活的经历时，言语之中，是对丈夫满满的爱和由衷的自豪。

20世纪80年代初期，大连医学院和辽宁省人民医院复办和创建，高景恒将返回沈阳工作。当时，遵义医学院的有关领导力劝他留在遵义医学院附属医院，并有意让他进入附属医院的领导班子。但考虑到年迈的父母和岳父、岳母，想到 4 位老人想回东北老家的渴望心情，高景恒夫妇还是毅然放弃现有的地位和生活的优待，于 1983 年 5 月踏上北归之程。

多次返遵指导科室发展

决定回沈阳工作后，高景恒加快了对科室医生业务能力的培养。当时，医院确定由王玉明负责烧伤整形外科的工作。

"以往手术有高景恒老师在，还没什么，想到他要回去了，以后的手术都由我们独立完成，我还是对一些重大的手术比较担心。"王玉明回忆。有一次，高景恒要他单独做腭裂手术，他说他不敢做。高景恒说你必须要做。"你去吧，没事儿的，我要到地区医院（现遵义市第一人民医院）带教学去了。"王玉明只好硬着头皮上去做腭裂手术。等他做完手术，台下的护士告诉他，高景恒一直站在他手术室的外边，生怕他有什么闪失，或者术中有什么困难需要找他，这让他十分感动。

后来，一些比较困难的手术，高景恒也是这样指导他，包括要他给学生上大课。刚开始他还比较胆怯，高景恒就坐到教室的最后一排，耐心地听他讲一次又一次的课。下课后，一次一次地告诉他什么地方讲得不对，什么地方该怎么讲。

"每个人在成长的道路上，如果都有高景恒这样一位好老师，那我们成才就容易得多。"王玉明说。高景恒为了他们这些后继者，付出了很多心血。

图 2-14　高景恒回沈阳后仍坚持返回遵义查房、讲课（左起四为王玉明）

　　1983 年 5 月，高景恒回到辽宁省人民医院工作后，始终记挂着遵义，他早与遵义这片红色土地结下深厚的感情。他多次返回遵义医学院附属医院，莅临学术会议、指导手术。一次次精彩的讲课、报告，一次次精妙的手术展示，都让遵义医学院附属医院烧伤整形外科得到进一步发展。

　　（魏在荣，王玉明，张　晨，尹卫民执笔，王长菊，王　炜，罗锦辉口述）

3 创业沈阳

　　创业是很多人的梦想。在医院里白手起家创建一个科室也是创业，高景恒就是带着这样的梦想回到沈阳的。与一般意义的创业不同的是，创建科室的资金来自医院。但医院的资金也不是想要就能要来的，需要创建者在白手起家的状态下开展工作。还要就创建科室的必要性、可行性、未来设想反复与医院领导沟通。这种事不但需要梦想，还需要有情怀，更要有坚韧不拔的毅力以及遇到困难百折不挠的精神。而最重要的一点是创建者本人具有高超的技术和临床上独当一面的工作能力。同时他还需要有非凡的人格魅力，以吸引他人加入到创业的团队中来。

　　国内医院创建整形外科的故事有很多，如张涤生创建上海九院整形外科，汪良能创建西京医院整形外科等。这里我们讲一讲高景恒创建辽宁省人民医院整形外科的故事。

人生选择

　　1978 年，位于祖国西南的革命圣地——遵义，一则消息令众多老大连医学院的南迁员工彻夜难眠。大连医学院要在大连市原址复建了！对于南迁遵义已 10 余年的"大医人"，看到了回家的希望。

从 1969 年南迁至今，一晃 10 年的时间过去了，很多当年的名医在当地继续着他们救死扶伤的使命；很多年轻医生已经成长为医院的骨干；有人在当地结婚生子，一些来时的儿童少年，在这里上了大学或走上工作岗位；很多乳臭未干的孩子在这里开启了学习之路。要回家了，这个消息对生活在异地的游子来说，是多么令人欢欣鼓舞啊！然而，10 多年的工作，也让这些来自大连的白衣天使对这个美丽的第二故乡难以割舍。

图 3-1　1978 年大连医学院复办，黄易明（后排左六）任院长后，于 1981 年去遵义欢迎原大连医学院医务人员回辽宁，与高景恒等大连医学院五五级同学合影

毕竟，他们把辛勤的汗水都浇灌在了这片土地上。

高景恒和夫人王长菊也面临同样的选择。东北是生他们、养他们的地方。特别是跟随他们一起南迁的双方老人，已经十几年没有回到自己的家乡了。考虑到双方老人年事已高，都有叶落归根的愿望，高景恒和夫人最终做出重回东北二次创业的决定。

正在此时，辽宁省拟在沈阳新建辽宁省人民医院。筹建中的辽宁省人民医院向高景恒等一大批原大连医学院的技术骨干伸出了橄榄枝。20 世纪 80 年代初，改革开放刚刚开始，各行各业，百废待兴，人才成为各个单位争相抢夺的对象……

1983 年 4 月，高景恒一家回到阔别 13 年的家乡。

初到沈阳

当时的辽宁省人民医院还是一片马达轰鸣的工地。高景恒被临时借调到沈阳市第七人民医院外科工作，同时还要回遵义医学院完成教学任务。

在沈阳，高景恒首先拜访了沈阳军区总医院整形外科的杨果凡教授。1982 年他们在上海的学术会议上相识。杨果凡教授是享誉世界的整形外科专家，他率先应用于临床的前臂皮瓣被国外同行称之为中国皮瓣和杨氏皮瓣。杨教授邀请高景恒到医院参观，面对大量的外伤和烧伤畸形，高景恒在诊断和治疗上都有自己独到的见解。他深得杨果凡教授的赏识，有时和杨果凡教授同台手术，杨教授都让高景恒主刀。两人不但建立了对彼此的信任，也建立了很深的友谊。

在沈阳市第七人民医院，高景恒开展了很多医院没有开展过的手术，他的手术得到了医院同道和患者的好评。医院的一名主治医生、也是高景恒的助手刘丹对此感受更深，一个重度尿道下裂的患者在市内几家医院都没有得到治疗，高景恒看过患者后，采用当时非常先进的阴囊隔皮瓣法给予了满意的修复。刘丹医生看在眼里，记在心上。她对高老师的高超技艺既崇拜又羡慕。

1984年，辽宁省人民医院的病房大楼东半侧封顶。在那个缺医少药的年代，为了尽快解决医疗资源严重短缺的问题，医院本着边建设边开诊的方针，开启了门诊和部分病房的临床工作。彼时高景恒在辽宁省人民医院开始了整形外科的创建工作。

艰难起步

尽管高景恒是辽宁省人民医院的院领导到遵义医学院"抢"来的人才，但高景恒来沈阳创业并非一帆风顺。当时的辽宁省人民医院是一所正在建设中的医院，这就意味着医院领导会优先建设那些传统科室，整形外科的建设并未得到医院的重视。为此，高景恒多次找当时的金院长、康院长谈话，向他们介绍国内整形外科的发展现状。当时沈阳只有两所军队医院有整形外科，地方医院尚没有整形外科。因此，高景恒建议辽宁省人民医院应该借此契机尽快建立整形外科。

不巧的是，此时辽宁省人民医院又换了一届新的领导班子。

高景恒又一次次地找新领导汇报。他认为，整形外科在国内各地都在大力发展，处在开院前期的辽宁省人民医院可以优先考虑整形外科。他有能力在辽宁省人民医院建好整形外科。由于整形外科是沈阳当地相对薄弱的学科。因此，可以通过发展整形外科增强辽宁省人民医院的知名度。他还和领导谈了未来整形外科的人员问题、床位问题、要不要烧伤、要不要手外伤等科室创建的具体构想。

图3-2 20世纪80年代刚建成的辽宁省人民医院病房大楼

时任辽宁省人民医院大外科主任是普外科专家刘承训教授。刘承训是高景恒的老师，也是遵义医学院一起回来的同事，他太了解高景恒对事业的执着和对学术的专注了。因此，他对高景恒的想法给予了大力支持。他对高景恒说："科室建起来之前，可以先在普通外科病房做些工作。"最终，在刘承训和高景恒的积极争取下，整形外科以治疗组的形式设在刘承训的普通外科病房里。高景恒利用三楼中心手术室外仅有的 6 张病床艰难地开始了工作。

在沈阳市第七人民医院跟随高景恒的助手刘丹医生，对高景恒的才学与技艺十分敬佩。在高景恒要回辽宁省人民医院工作的时候，刘丹医生主动提出要跟随高景恒去辽宁省人民医院工作。高景恒积极地与两家医院沟通，满足了刘丹医生调动工作的心愿。

有了病床，有了医生，高景恒在辽宁省人民医院的工作正式起步了！

创建整形外科

虽然治疗组只有 2 个人，但高景恒却在勾勒着建科以后的蓝图和诊治范围，包括整形、烧伤、手外科和显微外科。高景恒首先从抓急诊开始。在遵义医学院时，手外科归整形外科。在辽宁省人民医院，由于当时没有整形外科，多数手外伤患者都到骨科就诊。遇到有软组织缺损的患者，骨科都请高景恒会诊。渐渐地，急诊就将手外伤的患者送给高景恒了。整形外科逐渐从外伤救治、断指再植扩大至先天畸形矫正、烧烫伤治疗及瘢痕治疗等整形外科工作。游离植皮和各种皮瓣的应用大大提高了创面覆盖的效果，同时高景恒也不失时机地开展了重睑术、隆鼻术等美容外科手术工作。

图 3-3 规划着科室未来的高景恒（1989）

　　6 张病床很快住满了各种畸形的患者。门诊手术应接不暇，科室人员严重短缺。由于病床不足，整形外科就从普通外科借用了 2 个房间，12 张床暂时缓解了床位不足，人员短缺仍然是摆在高景恒面前棘手的问题。

　　高景恒在手术之余不断地向医院申请调入医务人员。1984年，科室调入从遵义回来的李万医生。1985 年、1986 年科室又先后分来了大连医学院、锦州医学院和中国医科大学的应届毕业生崔日香、张晨和刘金超，新鲜血液的加入解决了人员方面的燃眉之急。高景恒又从普通外科要来护理骨干肇淑华，以她为组长，又陆续调入赵冬梅、李欣等护士，成立了整形外科护理组。这样高景恒就完成了整形外科框架的搭建。

提升医生外语能力

由于新入科的人员在整形外科方面都没有任何工作经验，高景恒就从各个方面加强医护人员的培训。那时整形外科还是一个治疗组，加之医院很多医生都来自于遵义医学院。青年医生多习惯称年长的医生为老师，因此科室的医生都称高景恒为高老师。

在临床方面，高景恒利用出诊、查房、术前准备、手术、术后患者管理等一切机会向年轻医生传授整形外科知识。从皮片移植到皮瓣移植，从创面换药到器官再造，从创伤修复到美容外科，从简单缝合到显微外科，整形外科的内容无所不及。那时，科里的医生都怕休息。因为一旦休息未参加科室学习，就会漏掉很多未学到的知识。

在外语学习方面，高景恒定期给科室的医生布置"作业"。这些作业都是结合临床上遇到的问题查阅的文献资料。多数文章来自 *Plastic and Reconstructive Surgery*，*Annuals of Plastic Surgery*，*British Journal of Plastic Surgery* 以及 *Scandinavian Journal of Plastic and Reconstructive Surgery and Hand Surgery*。那时科里的医生都有个大笔记本，用来翻译高景恒布置的作业。遇到不明白的地方，就向高景恒请教。高景恒则不厌其烦地给弟子们讲解。医生们还会定期把翻译好的文章交给高景恒检查，拿回来的本本上布满了密密麻麻的用红笔修改的批语。如此，科室医生的专业外语进步都非常快。

高景恒经常对弟子们说："由于历史的原因，我年轻时学的是俄语，但我坚持向老一代的专家学习英语，没有荒废我的时间，坚持边学边用。这样，在 20 世纪 70 年代后期，我一下就发表了十几篇综述。"高景恒把他学习的经验无私地传授给了他的弟子们。不仅如此，还要求科室的医生坚持外语的口语学习。高景恒说："我的英语是哑巴英语，你们要学会听、说、读、写。在学习的劲头上你们可以向我学习，但在方法上要避免光看不能说，那样会影响你们将来的发展。"

在高景恒不断督促下，科室医生的外语水平都有长足的进步，也在之后的发展上起到非常重要的作用。科室先有王志军医生作为援外专家被国家卫生部派往利比亚，后有王毅彪和李衍江考取了日本博士研究生，申京浩和张晨考取了国家公派出国留学基金分别去往日本和美国留学，这在 20 世纪八九十年代留学资源稀缺的背景下，高景恒的学生们开了辽宁省人民医院医生出国留学的先河。

培养临床思维方法

高景恒从不满足于临床做几台成功的手术。他不断思索目前的手术还存在哪些问题、患者还有什么不满意的地方。通过查阅资料、动物实验、尸体解剖等方式不断改进已有的手术方法。

那时候还没有计算机，更没有网络。没有手术的时候，高景恒会领着学生们到图书馆去查阅资料。他首先教学生们如何检索文献。*Index Medicus*，*EMBASE* 以及《中国生物医学文献数据库》等一本本厚厚的医学检索文献摆在图书馆的书桌上，高景恒由浅入深地向大家讲解如何选关键词、如何在众多论文题目中检索出自己需要的论文、如何更加全面地检索论文等，一讲就是 1 ~ 2 小时。后来 *Index Medicus* 出了光盘版，整形外科最早订购了这套检索系统。再后来有了网络，整形外科也很早安上了调制解调器。尽管当时的计算机和浏览器的速度很慢，但比起手工检索已经便捷多了。相信今天的年轻人绝对无法想象当年的网络有多慢，但它丝毫没有影响那个年代的人们使用网络的热情。

20 世纪 80 年代是新皮瓣不断涌现的年代，整形外科医生对皮肤的血供有了崭新的认识。人们利用灌注的尸体标本，不断地探索身体表面任何一块没有开发的领地。高景恒也不例外，一有时间就领着弟子们在解剖房解剖尸体。他和弟子们解剖尸体无外乎有两个目的，一个是为了熟悉尚未使用过的皮瓣，另一个是探索是否有新的皮瓣发现。对于复合皮瓣，高景恒也有自己的想法，他把可能移植的组织及其血管罗列起来，然后让医院计算机室的专家顾云同志协助对这些组织进行不同的组合，再根据人体解剖的特点过滤出可供利用的组合形式。这与今天穿支皮瓣的特点及一个供血管同时串联或并联几个皮瓣的想法不谋而合。然而，高景恒却是在 30 多年前提出的这个理念。

科室建设

1988 年，辽宁省人民医院的住院大楼竣工，病房床位大幅度增加。看到整形组走廊躺满了患者，高景恒十分焦急。那时，他每天都会找医院领导要床位，医院也看到整形外科发展的良好势头。考虑到整形外科已经发展成为辽沈地区的品牌科室，也成为医院医疗服务的拳头科室，医院在病房分配上给予了整形外科极大的支持。当时医院将病房大楼四楼东侧全部给了整形外科，使整形外科床位从 12 张一下增加到 42 张。整形外科与当时的骨科、泌尿外科、脑外科及胸心外科床位相当，发展成为名副其实的外科科室。

图 3-4 初具规模的科室人员合影（前排左起护士长肇书华①、崔日香③、高景恒⑤、杜学义⑥；二排左起申京浩①、刘金超②、李万④、高国林⑦；后排左起王志军①、王毅彪②、夏成俊③）（1990）

有了床位，科室业务量也在不断扩大，高景恒更加感觉到人才的匮乏。这个时期，整形外科在辽宁省人民医院院内以及业内都很有名气。很多优秀的毕业生注意到辽宁省人民医院整形外科发展的强劲势头，选择加入这个团队。这段时间，科室先后分配来了中国医科大学日文班毕业生王毅彪、解剖学硕士王志军和大连医学院英文班毕业生汪晓蕾，同时还吸收了从大连市中医院、沈阳市第三人民医院以及贵州调来的李衍江、金亮和夏成俊3位医师。

此外，泌尿外科的杜学义医生也对整形外科非常感兴趣。杜医生是中国医科大学老日文班的毕业生，改革开放初期，他凭借着扎实的日语功底，考取了笹川医学奖学金到日本留学。由于杜学义年龄仅比高景恒小5岁，大家也称杜学义为杜老师。整形外科的医生们都感到奇怪，为什么杜老师每天到整形外科报到啊？后来得知杜学义在日本时看过形成外科（日文对整形外科的称呼）手术。在辽宁省人民医院看到高景恒惟妙惟肖的术前设计以及干净整洁的手术，便产生了改行整形外科的想法。杜学义每天来到科里，对朱洪荫、孔繁祜教授编写的《中国医学百科全书（整形外科分册）》爱不释手，也积极参与整形外科的术前讨论和业务学习，甚至连查房也一次不落。他的这种精神感动了高景恒，最后经与泌尿外科沟通将杜学义调入整形外科，满足了他一直以来的心愿。

食管再造

这一时期，整形外科涉猎的范围也在不断扩大。一位沈阳郊区的农民，因为跟老伴儿生气，一气之下喝了一瓶硫酸，导致全程食管严重烧伤,这个患者只能依靠胃部造瘘管注射进食。来院时这位 50 多岁的农民瘦得皮包骨,他的食管狭窄到连口水都咽不下。患者住院后在外科系统进行了大会诊。胸外科和普通外科都认为这个患者的身体状况太差,无法耐受开胸、开腹联合手术,暂时不适合做食管重建。高景恒看过患者后认为可以用皮管法重建食管,而且再造的食管可以置于胸部皮下,这样可以免于开胸。待食管再造成功后,再与咽部和胃部吻合。参加大会诊的专家都觉得这个方案可行,随即将患者转入整形外科病房。

手术在高景恒的主持下,顺利地完成了患者的一期食管重建。患者又经过 3 个月的恢复和术前准备,身体条件和再造的食管满足了吻合的需要。二期手术由高景恒和普通外科主任刘承训教授及耳鼻喉科主任尚家珍教授联合完成。3 位专家通力合作,历经 8 个小时的手术,成功地再造了患者的全程食管。术后 1 个月,患者试着进食小米粥和鸡蛋羹;术后 3 个月,患者在伤后 3 年再次尝到了饺子的滋味。这次手术分别在《沈阳日报》和《健康报》上得到报道。报道刊发后,全国有十几位食管烧伤的患者前来就医,辽宁省人民医院也迎来了开院后最多的省外患者。

破格晋升主任医师

1985 年,对于高景恒的个人发展也是非常重要的一年。这一年,停滞十几年的卫生技术人员职称晋升经过不断改革再次重启。职称晋升可是专业技术人员的人生大事，它不仅代表着专业技术人员的技术水平，也与他们的工资收入和待遇挂钩。因此，职称晋升既关乎专业技术人员的荣誉，也和他们生活水平的提高息息相关。时年 50 岁的高景恒实际上还是一名主治医师，他也同样面临职称晋升的问题。

有关职称评审工作在 20 世纪 60 年代中期停滞下来，在 70 年代末又恢复起来。1985 年开始实行专业技术职务聘任制度，以实施专业技术职务聘任制为核心的职称改革工作正式展开。

应该说，这么多年职称评审的停滞积压了大量尚待晋升的科技人员。所有医生都不想放过这次晋升的机会，大家都做着积极的准备。与其他医生不同的是，高景恒的准备并未耽搁日常的临床工作。他说，他在晋升主治医师后发表的论文有几十

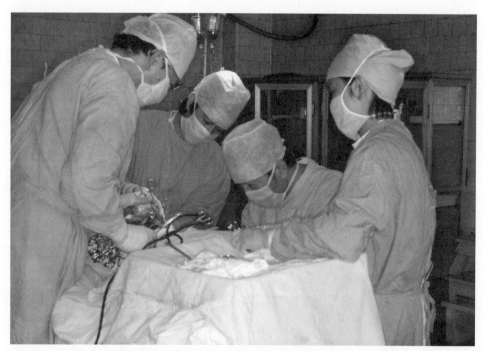

图 3-5　每天忙于临床的高景恒在手术中

篇，有的论文还发表在国外的期刊上。所做的小儿第二脚趾再造拇指手术在国际上也是领先的。外语的学习从来没有停止过，每天都在看外文资料。那还有什么需要特殊准备的吗？如果说有，就是做好每天的临床工作。就是这样，高景恒在每天忙于临床工作的过程中等来了职称晋升的好消息。他从主治医师直接破格晋升为主任医师，而在当时的辽宁省仅有两人获此殊荣！

成功治愈膀胱外翻

1985 年底，在高景恒的专家门诊。早晨上班的医护人员纷纷来到外科门诊，刚到的护士在忙着换上整洁的白大衣，已经换好衣服的护士在准备门诊所需的各种必备物品，医生们忙着整理自己的诊室。大家都有一个共同的感觉，今天好像厕所没有收拾干净，外科门诊充斥着一股尿骚味。随着味道寻去，大家发现在候诊区坐着一位面色红赤的农村小姑娘，旁边陪护她的是两名中年妇女。

一问才知道她们是慕名而来找高景恒看病的，小姑娘患的是一种非常罕见的先天畸形——膀胱外翻。

在诊室里，高景恒仔细地问询了小姑娘的病史、这些年都去过哪些医院、做过什么治疗以及日常是如何护理的。从小姑娘的家属处了解到，孩子出生后就发现小腹和正常人不一样。曾先后到当地和沈阳的多家医院就诊，都说年龄小不适合手术。由于患者膀胱黏膜外露，没有闭合的尿道，尿液随时流到衣服上。尽管在内衣下也垫衬一些棉垫，无奈尿液无时无刻地往外流，一会儿就渗透了护垫，小姑娘所到之处有尿味也就不奇怪了。为了避免在人多的地方出现这种尴尬的局面，小姑娘出门前都不敢喝水，可是仍然会有尿液排出。因此，这么多年小姑娘很少出门，也没有上学。高景恒深知，这个孩子所面临的困难还远不止这些。如果她得不到适当的救治，就会因为反复发作的泌尿系感染最终导致肾功能衰竭。而这种糟糕的局面很可能在她 20 岁之前就会出现，那意味着她想活到 20 岁都是奢望。

高景恒仔细地检查了患者。尽管高景恒给在场的医生、护士讲述了这个病的临床表现，可是当患者脱去裤子，暴露出的畸形仍然把在场的人惊得目瞪口呆。在患者的脐下小腹部位，有个成人拳头大小的红色突出物，上面布满了脓苔，两个输尿管口暴露在红色黏膜的两侧，不时地喷出尿液。高景恒指着那片红色的区域告诉在场的医务人员，那就是外翻的膀胱。患者的耻骨前部也呈裂开状态，尿道和外翻的膀胱连成一片，在患者周围弥漫着尿骚的味道。

收不收这个孩子住院？高景恒陷入了深思。收她住院，膀胱外翻是一个世界性的难题。在刚刚开院还不到一年的省级医院，能够成功治愈这个孩子吗？不收她住院，孩子的家长将放弃治疗，也意味着放弃了孩子生的希望……

高景恒找来了泌尿外科主任刘用楫教授。刘用楫是比高景恒晚 5 年入学的大连医学院校友，也是一起南迁去遵义的战友。现在又一同选择来到辽宁省人民医院创业。他们志同道合，心心相印。

两位教授看过患者，认真仔细地评估了患者的全身状况以及手术治疗的可行性。刘用楫教授说如果患者全身状态能够耐受手术，就可以考虑还纳膀胱，但是还纳膀胱后留下的创面很难处理。高景恒说修复创面是整形外科的看家本领，只要膀胱还纳进盆腔，整形外科就有很多办法修补腹壁缺损。

这样，患者被收入整形外科病房。经过一周的术前检查和准备，患者被推进了手术室。手术之前，高景恒查阅了大量有关膀胱外翻的文献。从膀胱还纳的方法、腹壁缺损修复的方式、尿流节制的可行性到术后训练憋尿、排尿意识等做了大量的知识储备。整形外科在术前申请召开了大外科的术前讨论会。大外科主任、普外科专家刘承训教授，泌尿外科黄汉兴教授、科主任刘用楫教授，儿外科主任张德增教授，骨科主任张世彬教授，麻醉科主任于华强教授以及整形外科主任高景恒等科室全体医生都参加了讨论。各位专家都从自己擅长的领域出发提出了手术可能出现的问题和解决方案。最后由高景恒汇总了各位专家的建议，确定了手术方案。

手术由高景恒和刘用楫联合主刀。历经 6 小时的手术，刘用楫教授成功还纳和关闭了膀胱，高景恒则采用带髂骨的腹股沟皮瓣成功地关闭了腹壁和耻骨前缺损。患者终于有了完整的膀胱和腹壁。

手术后的 10 天里，高景恒每天最早到医院观察患者，最晚离开医院，以便随时处理可能出现的问题。没有周末，风雨无阻，直到拆线和拔出造瘘管后看到尿管引流出清澈的尿液，高景恒才松了一口气。接下来是夹闭尿管，锻炼患者憋尿感。
与正常人不同，这个小姑娘生后从来就不知道憋尿是啥滋味。
为此，必须在拔出尿管之前进行憋尿训练。夹闭实验从间隔 5
分钟、10 分钟、20 分钟、30 分钟……直至夹闭 2 个小时。那
段时间，夜班护士经常接到高景恒从家里打来的内线电话，询
问患者夹闭尿管后的反应。经过一段时间的训练和治疗，患者
的膀胱容量从术后的 50 毫升增至 200 毫升。这段时间，患者
没有发生逆行感染，关闭的膀胱也恢复了膀胱容量，只是患者
还有尿流节制问题。3 个月后，高景恒使用皮管延长尿道及尿
道内活瓣增加阻力的方式解决了尿流节制的问题。最后患者高
高兴兴地痊愈出院了。

　　这次成功的治疗吸引来了全国各地 30 多名各种类型膀胱
外翻的患者。患者数量虽然不算多，但那可是罕见病例啊！很
多医生一辈子都没见过 1 例！这些病例的畸形五花八门，但是
他们共同的特点都是下腹部有一个外翻的膀胱，只不过外翻
的程度不同而已。高景恒和刘用楫教授根据患者的不同表现
和性别特点，给予不同的治疗方式。1992 年，高景恒总结了
1986—1992 年间所治疗的 17 例膀胱外翻病例的治疗经验，撰
写的论文发表在我国顶级医学期刊 *Chinses Medical Journal*（《中
华医学杂志》英文版）上，受到相关专家的好评，为治疗这种
罕见的疑难杂症提供了宝贵的经验。1993 年，这项以皮瓣移
植为特色，可以做到功能性修复膀胱外翻的技术获得了辽宁省
科学技术进步一等奖。

培养人才搭建梯队

高景恒就是这样一个敢于挑战一个又一个医学难题的人。随着那些艰难的挑战一个又一个成功，慕名而来的患者也越来越多。市内各大医院请求会诊的也越来越多。沈阳市骨科医院、辽宁省肿瘤医院成为高景恒最常去的地方。在沈阳市骨科医院，一个又一个面临截肢的患者被高景恒接回辽宁省人民医院。游离皮瓣、交腿皮瓣、超长皮瓣、筋膜皮瓣、神经皮瓣、带骨组织的复合皮瓣等在当时非常先进的技术都被用来治疗患者久治不愈的钢板外露、骨髓炎、骨不连和骨缺损。在辽宁省肿瘤医院，高景恒与软组织肿瘤科主任崔向东教授根据腔室理论，不用截肢就可以根治性切除皮肤软组织恶性肿瘤，保住了很多患者的肢体。

辽宁省人民医院整形外科的名气越来越大，不断增加的患者让高景恒越来越感觉到培养人才搭建梯队的重要性和迫切性。整形外科主要治疗的是体表畸形，各种畸形从头到脚遍布全身。涵盖雪中送炭的各种畸形矫正和锦上添花的美容手术，如此繁多的内容仅靠高景恒一个人支撑，他感觉到有些力不从心。他多么希望科室的每个医生都能扛起一片天啊！因此，从20世纪80年代末期，他不顾科室人员仍然短缺，宁可自己参与倒班，还是先后派科室的刘丹医生、李万医生以及杜学义医生分别到上海九院和中国医学科学院整形外科医院进修学习。3人学成归来后分别带领各自的治疗组开展工作。刘丹医生学成后回科室开展了大量美容外科手术，李万医生回来后开展了耳再造等大量高难度的整形外科手术，杜学义医生也从整形外科医院带回了很多先进的技术理念。后期，高景恒又将崔日香医生送到北京大学第三医院学习美容外科。

发展教科研，拒做手术匠

看到自己的弟子们一天天成长起来，高景恒并不满足于他们仅能做好手术。他经常提醒他的弟子们，不要觉得能模仿别人做好几个手术就沾沾自喜，不能对学到的手术知其然而不知其所以然。要了解手术的相关解剖、懂得手术的设计原理和所要解决的问题。任何手术都有其设计上的缺陷，要不断地找到手术的不足并给予改进。

高景恒的学生们最常听到老师的叮嘱就是："常在河边站哪能不湿鞋是狗熊，只有常在河边站永远不湿鞋才是英雄。"他时刻提醒弟子们要认真了解患者的病情，全面地检查患者，不漏掉任何蛛丝马迹。要学会掌握科学的临床思维方法，而不是盲人摸象，把自己局限在鼻子、眼睛那么一小块地方。

例如，周围神经损伤是令年轻医生异常困惑的疾病。每每遇到周围神经损伤的患者，高景恒都领着弟子们不厌其烦地按照每个阶段的神经走行特点、神经支配的肌肉以及患者的临床表现判断神经损伤的部位。科里的医生们最怕的就是遇到臂丛神经损伤的患者。那些从颈部各阶段发出来的神经根，几经编织形成不同的束，再发出不同的神经。这么复杂的结构确实让科里这些毕业时间不长的年轻医生困惑很久。每次遇到患者，高景恒都从正向给弟子们讲一遍臂丛神经的解剖，再从逆向分析各个症状代表了哪块肌肉失去了功能，再从肌肉找到哪根神经可能出现了损伤，然后判断损伤的位置。

张晨至今仍记得在门诊和高景恒看到的一个病例。患者来自抚顺，切割伤导致一侧下颌部皮肤软组织破裂出血，在当地医院清创缝合后患者出现一侧口角歪斜的情况。高景恒通过询问病史注意到患者受伤时并没有口角歪斜，他问患者受伤时出血是不是很多，患者说是，患者说当时出血很凶，摁都摁不住，到医院医生才给止住。高景恒判断很有可能是当地医院在结扎止血时匝到了面神经的下颌缘支。高景恒在之后的手术中验证了自己的猜想。他在术中找到并小心地拆去了结扎线，患者术后很快地恢复了正常。高景恒告诉弟子，面神经下颌缘支在咬肌前缘跨过面动脉。面神经就像桥，动脉血就是桥下的水，这样不就记住这个位置两者的解剖关系了嘛！面动脉破裂出血很多，当时医生为了止血，可能没有顾及面动脉浅面的面神经分支，出现了误匝下颌缘支的可能。经高景恒这么一讲，弟子们一辈子都不会忘记这个位置的解剖了。

高景恒对弟子们的另外一个要求就是要能讲。他说，作为一个教学医院的医生，不能只知道自己闷声干活，还要能把自己的知识讲出去，不能茶壶煮饺子有货倒不出。科室每周都有学术活动，每次都是高景恒亲自主持。那时讲课不像今天这么方便，没有计算机，更不可能通过复制、粘贴轻松做好讲课内容。因此，讲课人需要认真理解讲课内容并记忆在自己的脑子里，才能在众人面前熟练地讲出自己的内容。当时的幻灯片是由一张张胶片制成的，为了让大家能够非常熟练地讲课，科室购买了当时很难买到的幻灯机。而科内医生每次外出开会，只要有讲课任务，高景恒都要对发言的医生一遍又一遍地"过堂"，直到他们能够流利讲出为止。

高景恒经常对弟子们强调讲课的重要性。他说教学绝非老师给学生讲讲课那么简单，教学是老师和学生共同成长的过程，所谓教学相长就是这个道理。比如在讲解颞区层次时，颞区层次简单地说分为3层，可是进一步细分，深筋膜分深、浅两层，而这个浅层又分成深、浅两层，分层之间又有深浅脂肪垫，一会儿深一会儿浅，把年轻医生们弄得晕头转向，一头雾水。那段时间，高景恒一有机会就在办公室黑板前一遍遍地讲解颞区的层次。他也鼓励医生们多讲讲这个区域的解剖，在讲中学，在讲中记。当时王志军正在做他的博士课题，内容就是面部的解剖。高景恒还鼓励年轻医生多到实验室看看标本，结合标本记忆。这样，一个比较复杂的解剖问题，在高景恒的弟子们反复学习讲解的过程中变成了自己的知识。

除了异常繁重的临床工作之外，高景恒还不忘叮嘱弟子们做科学研究。他经常说，一个医生只会做手术充其量也就是个匠，医生应该是同时具有临床、教学和科研能力的综合型人才。只有那样，才能成为一名名副其实的专家。在高景恒的带领下，科室的科研课题始终瞄准国内外的前沿内容，涵盖了建科当初对新型皮瓣的探索，到后来的食管再造、膀胱外翻治疗，再到计算机在皮瓣优选的应用、组织工程的研究等内容。当上级部门的相关领导来科室实地考察评奖内容时，一位评审专家不无感慨地说，对于一个新成立的非大学附属医院的科室，能够做到这些是非常难能可贵的，也是非常值得敬佩和学习的！

正是经过高景恒 10 年的不懈努力，辽宁省人民医院整形外科从无到有，从小到大。至 1993 年底，每年完成高难度的整形外科手术达上百例，引进和开发新技术数十项。每年接收来自全国各地的进修医师 20 余人次。高景恒撰写并出版了国内第一部美容外科专著《实用美容手术》，科室对 1985—1993 年发表的论文进行整理，出了一本论文集，共收录已发表的论文 57 篇。一项科研成果获辽宁省政府科技进步一等奖。科室一跃成为辽宁省临床医学重点学科。

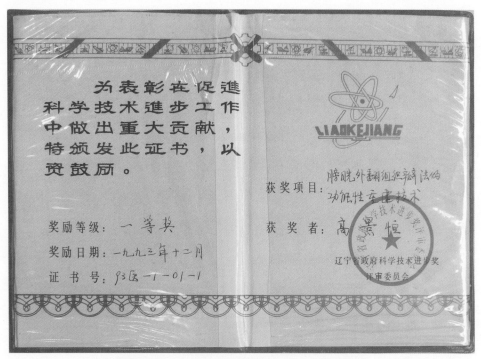

图 3-6　辽宁省政府科技进步一等奖奖状

至此，高景恒实现了在沈阳再次创业的梦想！

图3-7　20世纪90年代初科室荣获辽宁省人民医院先进集体，《沈阳日报》记者采访时为高景恒及科室部分员工拍摄的照片（前排高景恒①、张晨②、夏成俊③、金铸④；后排左起护士长金亚伟⑤、李万④、崔日香⑥、刘金超⑦、汪晓蕾⑨，其他人为进修医生）

（张　晨，王志军）

本章编后感：辽宁省人民医院是在改革开放之初兴建的大型综合型医院。当时国家财力有限，可以说是举全省之力建设辽宁省人民医院，资源集中，时间短，规模大，设备和人才是当时国内一流的。在省政府、省卫生厅的带领下，上下齐努力，从建院伊始一直到此后10～20年，医院的诊治始终保持在省内领先水平。能够有此佳绩，与引进黄汉兴、刘承训、高景恒、刘用楫、张世斌、叶文丘、白义杰、孙福锡、李庭敏、邓重信、郎恩千、沈洒球等一大批教授名医是分不开的。正是他们带起来的这些知名科室将辽宁省人民医院在短时间之内托举成闻名全国的医院。

4 新益求新

现代整形外科始于 20 世纪的两次世界大战。当热兵器替代冷兵器后，爆炸对组织的损伤要远比冷兵器造成的切割伤严重得多、复杂得多。为了修复面目全非的外形和残缺不全的肢体，被誉为现代整形外科之父的 Gillies 在英国汉普郡的奥尔德肖特成立了一个专门收治面部损伤的特别病房，修复脸部创伤。由此开启了现代整形外科之门。整形外科正是诞生和成长于两次大战的硝烟战火之中，然而那时修复组织缺损的方法仅限于植皮、局部皮瓣和皮管移植。进入 20 世纪 60 年代，显微外科应用于临床，陈中伟等专家成功实施了断肢和断指再植手术。人们对皮肤软组织血供的认识不断深入，各种新的皮瓣不断出现。显微外科和轴型皮瓣移植使整形外科的创面修复和器官再造手段更加多样化，也更加有效。整形外科的发展从而进入了快车道。

坚持外语的学与用

在 20 世纪六七十年代，中国处于发展的特殊时期。在那样特殊的年代，高景恒也没有放弃外语学习，英语是他的第二外语，在此期间他自学了 6 本医学英语。此外，他还坚持阅读外文文献，紧跟国际整形外科发展的脚步。同时还在小儿第二趾再造拇指手术方面走到了国际的前列。70 年代后期，他一下就发表了 4 篇综述，令当时医院里的同事都感到很惊讶。

到辽宁省人民医院工作以后，他依然没有放慢自己成长的脚步。那时还没有电子版的杂志，每年在医院图书馆订阅书报杂志的名单上，高景恒都列了长长一串书报杂志的名字，其中包括全套 McCarthy 主编的权威整形外科教科书 *Plastic Surgery*（《整形外科学》）和所有英文版的整形外科杂志。整形外科是当时辽宁省人民医院订阅书刊杂志最多的科室，高景恒也是图书馆借阅图书最多的人。科室新来的医生都会惊讶

图 4-1　闲下来读书是高景恒的最爱（1990）

地发现，几乎每本整形外科杂志和书籍后面的借阅卡上都有高景恒的名字。然而，高景恒并非只是借几本书看看，他是带着临床上遇到的问题到文献中去寻找答案，如果找不到答案，就尝试着对已有的方法进行改良。自己能做的，要做到更好；没做过的，可以探索去做；实在不能做的，可以请人来做。正是如此，高景恒才能始终站在学术的前沿上引领着学科发展和技术进步。

初尝吸脂术

1977 年，法国医生 Yves–Gerard Illouz 提出了"脂肪溶解术"（lipolysis）这一技术。他将低渗盐水和透明质酸酶注入脂肪，使细胞肿胀、破裂、溶解，然后用钝性吸管将脂肪吸出，开创了现代吸脂术的先河。这种技术避免了脂肪切除术的长切口，而由一个很小的切口吸出大量脂肪。由于吸脂术避免了瘢痕问题的困扰，疗效可靠，得到了多数医生的认可。20世纪 80 年代后期，吸脂技术已在世界范围内推广。然而，当时吸脂术在我国尚属空白，也没有脂肪抽吸专用的吸脂管和吸脂机，但高景恒预感到这项技术可能是继显微外科以后整形外科领域的又一大突破。他密切关注着脂肪抽吸方面的进展，也暗暗地做着准备。高景恒从妇科借来了刮宫术用的吸管，接上吸引器，在腹壁成形术切下的脂肪上试着抽吸脂肪。看到黄黄的脂肪顺着连接管进入瓶中，他对开展这项技术信心倍增。

一天，一位省内著名演员慕名找到了高景恒。她渐渐凸起的小肚腩影响到了她美丽的体型，她问高景恒可否在腹部开个小口抽出多余的脂肪。这种想法与高景恒的想法不谋而合，高景恒和她讲了医生的困难和解决的办法。得到患者的同意后，高景恒利用妇科刮宫的吸管接上膜式电动吸引器，在局麻下吸出了患者腹壁的脂肪。尽管手术后半程出血较多，但总算体验到脂肪抽吸的优缺点了。有了这次经验，高景恒和弟子们不断摸索、反复改进，吸脂术逐渐成为科室常用的美容手术。可是术中出血仍然较多，以至于预判吸脂量超过 1500 毫升时需要提前备血。这是美容手术所不能接受的！

引入肿胀技术

20 世纪 80 年代末，高景恒注意到了肿胀技术（tumescent technique）。这项技术是 Klein 在 1987 年提出的，核心是通过向吸脂区注射大量超低浓度的利多卡因肾上腺素溶液，大大地减少了抽脂过程中的出血量。Klein 是美国加州的一名皮肤科医生，他还是数学和药学的双料博士。他通过精确地计算和药物血液动力学实验，证实了肿胀技术在每千克体重小于 34 毫克利多卡因的情况下不会出现中毒，而这个用量远远超过了药典上规定的每千克体重 7 毫克。高景恒没有贸然实施这项新技术，他查阅了大量关于肿胀麻醉的参考文献，在弄清楚肿胀麻醉的药物配置和使用方法、使用注意事项、可能出现的不良反应和并发症后，再按照文献的方法小面积地试用。

他还让弟子崔日香医生跟踪搜集这方面的文献，注意国际上的新动向。同时，高景恒和弟子们不断摸索中国人肿胀麻醉的相关参数。在此过程中，他多次和科内医生讨论 tumescent 一词的中文翻译，最终确定用"肿胀"一词最为合适。1995 年，根据文献的整理和临床经验，高景恒和崔日香医生发表了国内肿胀麻醉的第一篇文章《肿胀技术——一种新的局麻方法》。今天，肿胀麻醉不仅是吸脂术的标配，也被广泛应用于除皱术、隆胸术、腹壁成形术等诸多美容手术。

20 世纪 80 年代后期，随着改革开放的深入，人们的思想也不断解放。在美容外科领域体现为求美人群扩大，已不局限于演员等特殊行业；手术项目增多，已不仅仅是双眼皮、垫鼻梁手术，除皱术、隆胸术、面部改型手术也都有涉猎。

从拉皮到 SMAS 除皱术

除皱术是美容外科领域中较大的手术。由于面部血运丰富、面神经走行浅表，导致手术后出现血肿和神经损伤的风险较大。然而，整形外科门诊也不时有人咨询除皱手术。为了了解除皱术的最新动向，高景恒请来了他的师兄——暨南大学的王敬文教授。广州当时是中国改革开放的"桥头堡"，由于邻近香港，那里的人们信息畅通、思想开放，因而在很多方面都走在了全国的前面。

王敬文教授在辽宁省人民医院示教了一台除皱手术，这台手术让高景恒和弟子们了解到国内发达地区除皱术的基本操作、操作步骤与自己的不同。他们在此后边摸索边学习，很快掌握了王敬文教授手术的亮点。然而，高景恒很快发现，单纯的拉皮手术并没有解决面部软组织松垂的问题，而松垂的皮下软组织会在术后很快将皮肤拉松，术后维持年轻状态的时间短。为此，高景恒决定改良这种术式。

高景恒通过复习文献发现，与单纯拉皮相比，更有效的方法是 SMAS（表浅肌肉腱膜系统）除皱术。SMAS 是面部皮下连续的纤维肌肉网，通过它的上提拉紧，可以有效地抵抗面部软组织下垂，以此减少收紧皮肤所受到的张力，延长手术效果。

从 1986 年起，高景恒开始尝试使用 SMAS 除皱手术。在术中，他仔细辨认，对分离的 SMAS 组织瓣切取一些组织块做切片观察。那段时间，经常出现在高景恒嘴边的词就是 SMAS。由于高景恒的弟子们都是刚出校门的年轻医生，刚刚弄懂植皮和皮瓣，又出来个 SMAS，参加的除皱手术也不是很多，因此对高景恒的 SMAS 不知所云。高景恒便利用手术、查房以及科室学习等各种机会给弟子们讲解什么是 SMAS、它有什么特点、与面神经的毗邻关系以及在除皱术中的作用等，直到这些年轻医生都能熟练地讲出这些绕口的专业术语来为止。

1990 年，高景恒带领弟子们完成了 20 余例 SMAS 除皱术。不仅如此，还为部分患者联合做了上睑和下睑手术。这在美容外科刚刚起步的 20 世纪 80 年代是非常超前和领先的。1990 年，高景恒的弟子刘丹医生将 SMAS 除皱术总结成文，发表在当年创刊的《实用美容整形外科杂志》上。这篇文章引起了业内关注，之后有很多医生到辽宁省人民医院参观学习高景恒的 SMAS 除皱术。

在实施 SMAS 除皱术时，高景恒还发现一个令他疑惑的现象，通常在腮腺咬肌筋膜及 SMAS 深面的分离不会有太多阻力，分离平面也很清晰。然而，在接近颧部、咬肌前缘以及耳垂后方时，分离就遇到了阻力，分离时总感到有些坚韧的组织牵扯在皮肤和深部组织之间，不切断这些组织，SMAS 瓣就得不到很好地移动。他尝试着切断这个结构，但有时会有出血现象。更令他关注的是电凝止血时面部的肌肉会出现抽动，他敏锐地意识到这可能是某种韧带结构，而且这个结构与面神经的分支关系密切。在术中高景恒多次给弟子们指认这个结构并指出其对于手术的重要性。高景恒查阅了很多解剖教科书，都没有答案，但他丝毫没有放松对这个问题的关注。很快，美国加州大学的 Furnas 医生就在 1989 年的 PRS 上发表了 *The retaining ligaments of the cheek*（《面颊部固定韧带》）一文。这件事让高景恒意识到我们的手术已经随时可能碰到未知，而面对这些未知需要积极探索，这样就可能发现属于我们的新东西。

1989 年，王志军考上了中国医科大学的博士研究生。与此同时，经多方努力，王志军与时任中国医科大学校长何维为教授、学校学位办公室主任等领导多次商榷沟通，经学位办公室两次开会研究，决定聘任高景恒为中国医科大学兼职博士研究生导师，为王志军的博士研究生副导师。至此，高景恒成为中国医科大学史上第一位兼职博士研究生导师，中国医科大学学位办公室非常严谨地为高景恒签发了聘任通知和聘任证书。

在与王志军讨论博士课题的研究方向时，高景恒认为面部除皱术尚有很多解剖学问题亟须探索。他为王志军选定了面部除皱术的相关解剖学的研究课题。在这项研究中，王志军对国人的 SMAS、颞区层次、面神经腮腺外分支的走行规律及面部的韧带都有很多新的发现。这些发现也为很多后来的医生所采纳和引用。这项研究的成果获得了 1994 年的辽宁省政府科技进步一等奖，也使王志军获得了美国赛克勒医学奖。

请来先进设备和专家

扩张器是整形外科的又一里程碑式的技术。但在 20 世纪 80 年代，我国医生只能从国外的文章看到此类报道。高景恒也时刻关注着这方面的进展，他还和沈阳乳胶厂联系，试图共同开发皮肤软组织扩张器，但因为种种原因没有成功。1987 年的一天，高景恒从上海开会回来，他异常兴奋地告诉科里的医生，他的老师张涤生教授送给他一枚扩张器。高景恒认真研究了扩张器的适应证、扩张原理、注水时间以及扩张皮瓣的剪裁方法等技术要点。之后，选择一位头皮烧伤瘢痕的患者使用了扩张器，手术非常成功。这也让高景恒坚定了引入扩张器技术的决心。国产扩张器刚生产出来，高景恒就订购了一批。很快，扩张器就成为辽宁省人民医院整形外科的常规"武器"。那一时期，整形外科病房经常出入一些带着"大瘤子"的患者，引来其他科室的医生和患者好奇的目光。

眶底爆裂性骨折，是眶部挫伤所致的眶壁骨折。该骨折虽然眶缘完整，但眶腔扩大和眼外肌嵌顿可致眼球运动障碍和复视。它多为车祸、体育运动、工业事故及打架斗殴等致伤物自前方直接打击眼睑和眼球所致。在 CT（计算机断层扫描）出现之前，人们并不认识这个疾病。高景恒翻看文献时注意到了这种疾病。由于当时辽宁省人民医院是辽宁省少有的几个具有 CT 的医院，诊断的问题可以解决。然而，由于治疗区域邻近眼球，高景恒本人也没有该方面的治疗经验，于是，他请来了上海九院的颅颌面外科专家冯胜之教授。冯教授在辽宁省人民医院整形外科做了眶底爆裂性骨折的诊断与治疗的讲座。冯教授从这个病的患病机制、各个方位的 CT 片上的表现以及手术适应证、手术方法的选择进行了详细地讲解，之后冯教授还示教了一台手术。这次讲座让整形外科的医生们大开眼界，也使他们在眶底爆裂性骨折的诊治方面上了一个新台阶。

面部手术时，医生们最担心的就是损伤面神经。为此，高景恒利用科室的科研经费购置了一台神经识别仪。有了这台设备，在面部分离到皮下以后，就可以通过特殊的电极探查出神经的走行，也会在分离到神经的附近有"滴滴"声提示。那段时间，在高景恒手术时总是有很多进修医生参观。即便如此，在手术的关键时刻，手术室内仍然非常肃静。人们能清楚地听到仪器的"滴滴"声，这时高景恒会提醒大家已经接近面神经了。

迷上计算机

计算机对于现代人已经成为学习和生活的一部分，它的快速、准确和便捷大大提高了当今的生产力水平和生活质量。可是在20世纪90年代初，计算机才刚刚进入人们的视野。对于常人来说，计算机介入工作与生活仿佛天方夜谭。医生们最直观的感受就是计算机断层扫描（CT）。与以往的平片相比，CT片子可以非常清晰地显示出疾病的形态与部位。当然，医院也配备了计算机室。但总体上看人们对计算机不了解，普遍感到很神秘。

高景恒对计算机很感兴趣，他有时间也会到计算机室科普一下自己。当时顾云是辽宁省人民医院计算机室的负责人，高景恒经常去找顾云探讨计算机在整形美容外科应用的可行性。他先是将可能移植的组织及其血管罗列起来，然后让顾云协助对这些组织进行不同的组合。一大长串组织瓣的组合形式打印出来之后，高景恒再根据人体解剖的特点过滤出可供利用的组合形式。但高景恒没有满足于这种初级的应用方式，他仍在探索计算机在整形美容患者术前模拟设计的方式。

1992年，高景恒和海军青岛疗养院的孙福田教授联手上海中新电子技术有限公司以及上海交通大学图像处理研究所共同研制了计算机美容显像系统MR-9C。第二年，科室购置了第一台386计算机并引进了MR-9C系统，这在当年可是整形外科的一件大事。为此，整形外科特意腾出一个房间放置计算机和这套显像系统。房间内配置了当时比较珍贵的空调，以防计算机温度过高。须知那时病房和医护办公室都是没有空调的。病房的地面还都是水泥地面，而整形外科的计算机室地面铺的是地板革，进入需要换拖鞋。尽管今天的年轻人可能都不知道地板革是什么东西，但在 20 世纪 90 年代初期，房间内铺地板革属实是高级配置了！高景恒还指定王毅彪医生专门管理和使用这套系统。由此可见，计算机在高景恒的心目中是怎样重要的地位。

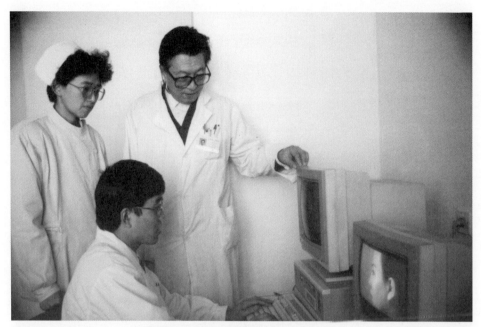

图 4-2　高景恒和王毅彪等在科室的计算机室研究 MR-9C 系统的应用（1992）

计算机在当时绝对是个新生事物。那时的计算机还使用 DOS 系统，存储使用 5.25 寸或 3.5 寸的软盘。一张软盘的储存量仅为 1.2MB 和 1.44MB，完全不像今天的 Windows 系统和优盘那么方便操作，医生们普遍没接受过计算机的训练和学习。为此，计算机室的工程师成了整形外科的常客。此外，整形外科还经常出现一个陌生的小伙子，这个小伙子就是泌尿外科郭同新教授的儿子郭宏飞。彼时，他正在东北大学计算机系攻读硕士学位研究生。高景恒请郭宏飞来科里帮忙，有了郭宏飞的参与，高景恒特别高兴，仿佛得到了计算机翻译官一样。在郭宏飞的指导下，王毅彪医生可以用简单的 DOS 命令操纵计算机。科里的医生也逐渐都熟悉了 MR-9C 系统的使用。

此后，整形外科使用这套系统分别做了隆鼻、重睑、隆颏、眼袋、重唇、小口开大和驼峰鼻的术前设计。高景恒发现通过这套系统的使用，医生和求美者在术前沟通方面异常顺畅。通过设计，它还能为医师提供定量的参考数据。此外，术前资料还可以存入计算机。在没有数码照相机的 20 世纪 90 年代，这绝对是一个巨大的飞跃。在此之前，术前、术后图像都是冲洗出来的纸质照片。纸质照片既不容易保管，还占据了很大空间。高景恒还用这套系统对求美者的面型和体型进行了测量和统计。当然，在应用一段时间之后，高景恒也发现求美者对手术的要求提高了。多数情况下，医生的手术达不到术前模拟的效果。因此，为了满足求美者的要求，医生需要不断提高自己的水平，以应对可能面临的更大挑战。

1993 年，王毅彪考上了中国医科大学的硕士研究生，在向高景恒咨询研究题目时，高景恒为他选的题目是"计算机在皮瓣优选方面的应用"。在这项研究中，高景恒的想法是将他选择皮瓣的原则以及众多组织瓣的参数输入计算机，然后由计算机代替专家选择用来修复缺损的最佳方案。最终，王毅彪医生在郭宏飞的帮助下开发出了有蒂组织瓣修复缺损的专家系统。

不截肢也能根治肢体恶性肿瘤

软组织恶性肿瘤的治疗是一项非常具有挑战性的工作。由于这种肿瘤的边界不易确定、术后容易复发，导致其在治疗上一直存在争议。外科治疗无外乎瘤体内切除、边界切除和根治性切除。在肢体上，为了彻底切除瘤体，有时医生会采用截肢手术。然而，截肢并没有增加术后的生存率，相反，还降低了患者的生存质量。软组织恶性肿瘤还是整形外科比较多见的恶性肿瘤。高景恒时刻关注着该领域的进展，那段时间，高景恒经常提到"腔室切除"这个概念。原来，高景恒在查阅软组织恶性肿瘤治疗方式时，发现了一种新的肿瘤切除方式，即"腔室切除"。这种切除方式是把瘤体所侵犯的肌肉或筋膜腔室和肌腱起始点作为软组织恶性肿瘤的切除边界，整块切除后再采用修复重建外科的方法给予修复。这种方法比边界切除的方法范围大，且无须截肢从而降低致残率和复发率。

20世纪90年代初的一天，辽宁省人民医院检验科的一名检验师来到高景恒的办公室。她的小腿因患肌纤维组织肉瘤在外院做过4次手术，最近又有复发，她去的几家医院都建议她截肢，所以她找到高景恒看看能否有保肢的可能。高景恒详细地询问了病史，仔细检查了患者，又反复研究了磁共振的影像片，最后他给患者制定了腔室切除的方案。手术非常成功。由于患者就工作在辽宁省人民医院，因而高景恒可以长期随访患者。直到5年、10年之后仍没有复发，患者对手术效果非常满意。此后高景恒又治疗了30余例此类患者。这项技术被高景恒的学生王志军和张晨带到了大连，实现了技术上的传承。2008年王志军的研究生王国明将其作为硕士论文总结出来。为此，王国明还特意去沈阳拜访了师爷高景恒。虽然快20年了，高景恒仍能非常清晰地讲述每个病例的治疗经过。至今王国明仍记得 70 多岁的师爷领着他去病案室查阅病例和照片的情景。

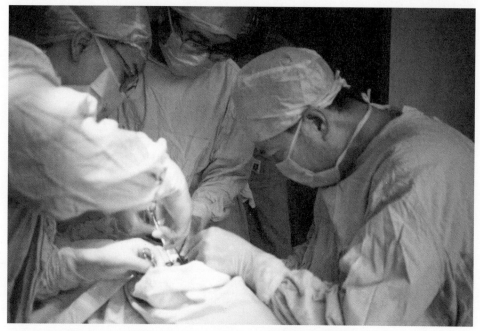

图 4-3 手术中遇到的问题是高景恒创新的源泉（1991）

不随便放过一种先天畸形

上睑下垂是整形外科比较常见的先天畸形，多数患这种疾病的患者都有个共同的毛病——"望天"。每当高景恒出门诊，都会有很多家长带着孩子来求医。高景恒在诊治这些患者时发现有些孩子的上睑下垂呈双侧，不仅眼裂小，还有内眦赘皮，而且内眦间距也宽。更令高景恒产生疑问的是有些孩子的家长也有同样的表现。在术前讨论和查房时，他多次提出这或许是某种遗传性疾病。但查阅的文献多以眼睑三联症、四联症或睑裂狭小综合征命名，多数在机制上也没有说清楚。由于高景恒日常工作很忙，因此他鼓励张晨去中国医科大学图书馆进一步查阅相关文章。并且他还亲自和在中国医科大学工作的同学联系安排张晨去查阅资料。张晨没有辜负高景恒的期望，在近 1 个月的时间里，他查阅了中国医科大学图书馆所有相关的文献，弄清楚了这个以日本医生 KOMOTO 的名字命名的常染色体显性遗传性疾病以及命名经过。1996 年在高景恒的指导下，张晨回顾整理了科室治疗的 14 个病例，发表了《KOMOTO 综合征》一文。

另一天，一个患有颈蹼的小姑娘来就诊。科室的医生讨论手术铺平颈蹼，说让小姑娘脖子看上去长一点就行了。可是高景恒看过患者后发现，她还存在身材矮小、后发际低、胸平而宽等问题。进一步地检查发现，她的生殖腺发育不全。因此，这个姑娘诊断为 Turner 综合征，使这个在很多医院都误诊、漏诊的患者得到了准确的诊断和治疗。

对新事物具有强烈的好奇心是贯穿高景恒职业生涯的重要特点。不仅如此，他在迎接新事物的挑战上也充满了责任感与担当。

救死扶伤，勇于担当

20 世纪 90 年代中期的一天，一个一侧腿部肿痛明显的患者来到科室。起初患者仅为脚踝部肿痛，但很快发展到了整条大腿。高景恒的初步诊断是急性坏死性筋膜炎。这种疾病的病情非常凶险，病灶渗出增多，肿胀逐渐加重，其压迫动脉、静脉和神经，可以引起组织血流量减少，严重时可导致肌肉、神经坏死。如果坏死的范围比较大，毒素进一步吸收，还会引起发热、血压下降、肾脏损害，甚至会出现休克和死亡。此前高景恒并没有这种疾病的治疗经验，患者被立刻收入病房。高景恒请来了刘承训教授和原沈阳军区总医院（现北部战区总医院）以及中国医科大学的专家。专家们肯定了高景恒的诊断，建议急诊实施多部位皮肤软组织切开引流。手术很快解决了下肢肿胀的问题，然而，病灶的范围却仍在不断扩大，短短几天已经蔓延至下腹部。面对如此危急的情况，高景恒连续 7 天 7 夜守候在病房。他一边密切地观察病情变化，一边查阅大量文献准备着应对措施。患者被多次送入手术室切开引流。严重的感染、休克、离子紊乱、肾功能衰竭等一道又一道危及患者生命的难题被高景恒化解。那段时间，高景恒吸的烟比平时多很多，那间不大的办公室里经常烟雾缭绕（20 世纪 90 年代还没有无烟医院的概念），他整个人也经常陷入深深地思索之中。为了患者，没人知道高景恒度过了多少不眠之夜。终于有一天，患者的生命体征趋于平稳，高景恒的脸上才露出一丝笑容。事后高景恒说，如此严重的急性坏死性筋膜炎抢救成功的案例在国际上也不多见。

在从事整形外科近 60 年的实践中，高景恒从未停歇过创新的脚步。2011 年，他和学生王志军在共同署名的文章中总结了医学美容创新发展的 10 条路径。这篇文章提到，美容医学服务的对象是健康人，因此美容医学的实践必须是最安全、最有效的。为了使亚健康人群转化为健康人群，医生应当掌握实现生态健康、生命和谐转化的关键技术和科学。因此，医学美容工作者要努力参与到这一医学领域的研究中去，这或许就是高景恒不断创新的动力。从重睑术的改进、吸脂术与肿胀技术的引入，到除皱术、SMAS 除皱术，以及骨膜下除皱术的大胆尝试与推广，再到计算机技术的应用和大力提倡微创美容技术，以及更加高深的量子医学等无不涉猎。科里的设备从最初级的计算机，到 MR-9C 系统，再到神经识别仪、医院第一台数码相机、首次使用的光盘检索系统、首次使用互联网等新生事物，高景恒就是这样持之以恒地追求着新生事物，追求着医学美学领域里的创新。通过创新，他引领了医学美学的发展；通过创新，他攻克了一个又一个难题；通过创新，他解除了很多患者的痛苦；通过创新，他满足了众多求美者的需求；通过创新，他也实现了自己人生的价值。从一个默默无闻的青年医生，通过不断学习、勇于实践、敢于创新，最终成长为享誉国际的著名专家和学者！

（张　晨，王志军）

5 著书立说

1988 年的夏天，沈阳的天气异常炎热。傍晚，南运河边的小路上，"雪糕，雪糕，省医院的雪糕"的叫卖声此起彼伏。

在南运河带状公园的树荫下，坐满了乘凉的人们。每个人都用力摇着手中的蒲扇，仿佛要把河边的所有凉风都扇到自己的身上。大汗淋漓的孩子们在林荫小道上来回穿梭，丝毫没有

图 5-1　20 世纪 80 年代，高景恒正是在这间 6 平方米的书房完成了我国第一部美容外科专著《实用美容手术》

感觉到三伏天的存在。

此时，在辽宁省人民医院家属区的 5 号楼，高景恒正在他那个 6 平方米的书房里完成他的一个梦想，编写一部属于我们中国人自己的美容外科手术专著。由于那时家里没有空调，房间闷热，高景恒只穿着一个背心，仍然热得汗流浃背。然而，一心专注于写作的高景恒根本无暇擦拭额头的汗水。他在厚厚的草纸上不停地写着，蝇头小楷密密麻麻地写满一页又一页草纸。他时而翻看桌边堆放的 *Plastic and Reconstructive Surgery*（美国《整形与再造外科杂志》，简称 PRS），时而又翻看从图书馆借来的日本《形成外科》杂志，时而停下来思索，时而又在草纸上画着草图。手上的香烟几乎没有断过，桌边的烟灰缸里塞满了吸过的烟头。高景恒的夫人偶尔进来为他倒上茶，再轻手轻脚地离开，丝毫不敢打扰工作状态的高景恒……

立志写书

20 世纪 80 年代的中国，改革开放的春风由南向北吹遍了祖国大地，人们的思想逐渐从禁锢中得到解放，爱美的人们也开始寻求美容手术。

但美容外科在当时非常少见，医院根本看不到美容的字样，医生们在学生时期甚至没听说过整形外科的概念，个别学生或许在眼科实习时看过双眼皮手术。然而，又有几个学生会想到毕业以后去做"双眼皮"医生呢（那个年代大家对整形外科医生的称呼）。很多医生的梦想都是去外科工作。少数人即便来到了大医院的整形外科，每天的工作内容也是植皮和皮瓣移植，涉及美容外科的内容少之又少。在这些大医院里，美容外科似乎成了"不务正业"的代名词。因此，那个时代的医生基本上不太愿意接触美容外科的内容。

但高景恒并不这么想。他认为，美容外科在我国发展得不好，主要是由于生产力水平不高、人们生活水平低下，使我国的美容手术技术未能得到应有的发展。然而，随着人们物质生活与精神生活水平的迅速提高，要求做美容手术的人会越来越多。他经常对科室的年轻医生说，整形外科是由修复重建和美容外科两部分组成的，前者是雪中送炭，后者是锦上添花。也正因如此，高景恒在科室从未轻视过美容外科。

20世纪80年代中期，辽宁省人民医院整形外科刚刚创建。人们在简陋的整形办公室里，经常能看到这样一幕：高景恒坐在办公室最里面的办公桌边，手上拿着粉笔，在黑板上画着双眼皮的几种类型、腹壁成形的切口设计、隆胸的入路等美容外科常见的手术设计和手术方法。其他几张桌子旁，坐着科室的4位医生，李万、崔日香、张晨和刘金超。这4位高景恒的学生不时在笔记本上记上讲授的重点。他们知道，这些重点在高景恒查房或手术中随时可能被问到。而他们复习的唯一资料就是回忆高老师平时讲课的内容。高景恒的学生们都非常渴望有一本美容外科的教材供他们学习，然而那时，无论在书店还是图书馆，都找不到任何一本美容外科的教材。

国内唯一一本整形外科教科书是张涤生教授主编的《整复外科学》。然而，即使是这样一本以整形外科为主要内容的教材，也不是想买就能买到的。医院图书馆里除了一些影印版的 PRS 和《形成外科》等几种国外的杂志，几乎找不到任何与美容外科有关的参考书。或许有年轻人会说那就上网搜嘛，对不起，那时还没有网络！

于是，高景恒产生了写一部我们自己的美容外科专著的想法。

筹划方案

然而，写一部专著谈何容易。出书对于当时很多医生是连想都不敢想的事情。国内没有先例、没有参考资料、没有制图设备、没有出版途径，一切需要从零开始。所有的条件都没有，拿什么去出书呢？

但高景恒有他自己的想法。第一，他有极其过硬的基本外科和整形外科基本功。他知道做好美容外科的前提条件是什么。第二，他有上海第九人民医院进修一年的学习经历。在那里以及此后的临床实践中，他对多数美容手术都有涉猎。可以说，他那时已经掌握了绝大多数美容外科的手术方法。第三，他平时看书有个好习惯，就是记读书笔记和卡片。在高景恒的书房里，分门别类堆放着很多笔记本和卡片，上边记载着他看过的国内外文献。有重睑的、隆鼻的、隆胸的、除皱的、吸脂的，等等。密密麻麻的小字记录着各种手术的相关解剖、适应证、手术方法、注意事项和最新进展。把这些资料整合一下，再补充一些不就变成书了吗？读书是高景恒人生的一大爱好。能有书看、有资料可查，就能够把写书的任务完成。第四，也是最重要的一点，他善于总结。对于看过的任何一个患者、一种畸形、一次手术、一个临床现象，他都不会轻易放过。他常和弟子们说不要"熊瞎子掰苞米，掰一穗扔一穗"，看过的病例要及时总结。对于犯过的错误要勇于承认和及时改正，要吃一堑长一智。

图 5-2　高景恒读书记录的卡片有两箱子

2020 年，为了生活方便，高景恒夫妇搬到了小儿子高岩的房子。而此时高岩一家因工作原因已迁往大连。他的儿媳王洁晴在为他整理书籍资料时，仅读书笔记就整理出 30 多本。那一本本发黄的读书笔记，每本一个主题，包括烧伤、皮瓣移植、手外科、骨与关节移植、脂肪移植、唇腭裂、血管瘤与血管畸形、面瘫治疗、两性畸形、除皱术、眼睑整形、鼻整形、乳房整形等内容，几乎涵盖了整形美容外科的所有内容。应该说，有这么多的学习笔记和卡片，不要说写一本美容外科学专著，即使是整形外科学的专著也绰绰有余。正是基于这些丰厚的积淀，他才有信心写出一本书来。

"爬格子"

高景恒根据自己临床手术病例的种类和平日积累的读书笔记、卡片，编列出书的大纲。主要分为总论和眼睑、鼻、唇颊、额颈等12章。每个章节再遵循应用解剖、美学标准、适应证、手术技术、并发症的防治及注意事项的顺序撰写。这样，这本书的大致轮廓就呈现出来了。

有了大纲，高景恒开始了写作工作。那段时间，高景恒有着异常繁重的临床工作，科室的年轻医生尚不能独立开展手术。白天，有做不完的择期手术，还要查房、出门诊、开会、术前讨论、查阅文献。夜晚，经常有外伤需要处理。沈阳是一个重工业城市，在那个自动化水平比较低的年代，手外伤、撕脱伤、挤压伤每天都有。高景恒时常在深更半夜被叫到医院，实施清创缝合和创面修复手术。如果需要断指再植、游离皮瓣，那几乎是通宵达旦的工作。有时候助手都会趴在显微镜上打盹，而高景恒只能从前忙到后，眼都不能眨一下。就是在如此高强度的临床工作之余，高景恒还要挤出时间写作。

与现在的写作相比，30多年前的写作要困难得多。那时候没有计算机和打字机，靠的就是在原稿纸上一笔一画、一个字一个字地写出来。由于原稿纸的每一行都是一个个格子连起来，每页原稿纸400字。作者写作时每个字一个格子，这样便于作者计算字数。因此写作也称"爬格子"。

那时刚刚有复印机，在医院只有图书馆可以复印资料。有些参考图需要复印时，高景恒都用纸条夹在书内作为标记，再统一复印出来，标记上拟出现在书的哪个章节。无法清晰复印又特别重要的图片，高景恒就用硫酸纸放在图片上，一笔一画地临摹下来。

因为写出来的草稿还需要修改，所以，在那密密麻麻的小字上又增加了删改和涂抹。而在每页的周边空白处，用边边框框写入补充的内容，通过箭头指示到要插入的地方。这样的草稿，或许只有高景恒本人才能看清楚写的是什么内容。

第二天上班，高景恒将写好的草稿交给当时的整形外科护士长金亚伟，由后者再将草稿的内容誊写到稿纸上。高景恒写一章，金护士长抄一章，写完的稿件依然需要一改再改。为此，金亚伟至今也记不清到底抄过了多少遍，用了多少稿纸。尽管写作条件如此艰苦，高景恒仅仅用了 3 个月的时间，就通过勤奋的笔耕写了 17 万字，完成了初稿的撰写。而这段时间正是沈阳最热的 7、8、9 三个月。

整形美容外科是一个以调整、修复甚至是再造体表器官形态为主要内容的学科。因此，整形美容的书籍少不了照片和图片。但在 20 世纪 80 年代末，受纸张条件的限制，报刊书籍上的图片以线条图为主，偶尔有照片也是黑白的，只有在《人民画报》这一类刊物上可以看到彩色照片。那么，这些线条图由谁来画呢？高景恒找到了医院宣传部门负责摄影的金春峰。金春峰毕业于中国医科大学医学美术专业，具有一定的艺术功底，他可以帮助高景恒画这些线条图。

高景恒把自己画的示意图编上编号后送给金春峰，向他说明了图片的含义，再由后者将那些示意图画到硫酸纸上。这样，就解决了这本书的插图问题。

首战告捷

一切准备就绪，只欠出版的东风。那么，写成的书拿到哪里去出版呢？那时不像现在的医生，对于SCI论文、出版专著等问题驾轻就熟，甚至有的人在校期间已选修过相关课程。20世纪80年代的医生没有论文、专著的要求，只需要做好临床工作，对于书籍的出版作为一个医生确实了无头绪，这可不是查阅文献就能解决的事。

不过，天无绝人之路。一次，高景恒应邀到东北电力医院会诊，结识了该医院整形外科的刘翠医生。当得知高景恒有本书要出版时，刘翠医生告诉了高景恒一个好消息，她有个熟人在辽宁科学技术出版社工作，她可以通过熟人帮助咨询出版书籍的事务。

有熟人的介绍，事情做起来就会更容易一些、顺畅一些。高景恒很快带着自己的手稿来到了辽宁科学技术出版社的编辑部。时任编辑部主任的王绍诚老师接待了高景恒。通过交谈，双方才知道原来他们还是大连医学院的校友。高景恒比王绍诚老师高两个年级，是王老师的学兄。王绍诚老师了解到这本书的重要性和迫切性之后，马上就申报了出版计划。当笔者电话采访到已经退休的王绍诚老师时，80多岁的王老先生仍然清楚地记得这本书是填补了国内空白的。因此，这本书顺利地列入了出版社的计划中。因为书的初稿已经完成，所以高景恒很

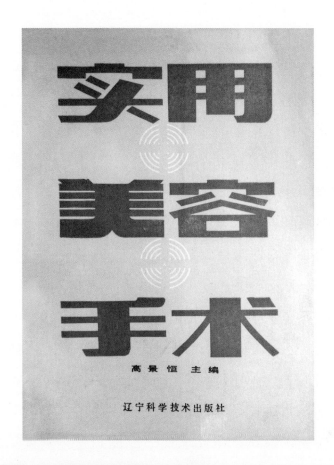

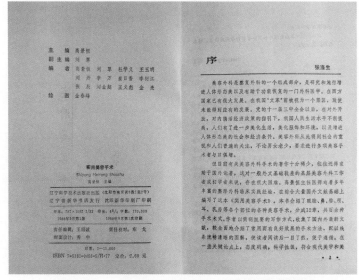

图5-3 《实用美容手术》一书封面和内页

快就拿到了出版社铅字打印的校样。

看到自己的汗水变成了一个个铅字，高景恒的内心无比激动。拿着厚厚的一叠校样，就好像见到了久别的亲人，爱不释手。他反复校对了书的每个字和标点符号。科室的医生也都分到了任务，帮助校对校样的内容。

1988年9月，中国整形美容外科历史上第一部专门介绍美容外科手术的专著《实用美容手术》正式出版发行！由于这本书是32开，仅有251页，所以高景恒很谦逊地把这本书叫"小册子"。"小册子"的出版，填补了我国美容外科专著的空白。

《实用美容手术》正式出版的消息一经传出，立即引来了全国同道的关注。来自全国各地的信件像雪片一样飞向辽宁省人民医院。有的询问价格，有的要求进修，更多的是购书的订单。由于那时发行途径过于单一，为了尽早读到这本书，多数医生直接联系高景恒要求购书。而高景恒则委派科室的高国林同志专门负责将书邮到全国各地。那段时间，高国林做得最多的事就是开着一辆面包车去邮局邮书。而面包车里装满了刚刚印刷出来的新书。

看到这里，有些读者一定会问，出版了这么多畅销的书，高景恒一定赚了很多钱吧？据笔者了解，这本书一共发行了11 000册。按照它的发行价每本2.6元来算，假设这笔钱都给了高景恒，在当时还真是一笔不少的"巨款"。但事实上，送到高景恒手里的稿酬，除了给相关人员的稿酬和科室人员稿酬外，剩下的钱全部捐给了当时正在筹办的《实用美容整形外科杂志》。然而，笔者在高景恒身边工作了近20年，高景恒从未提及此事。这也是笔者在撰写此书时才听说的。写到此处，我们无不发自内心地仰慕于高景恒的高风亮节！这本书的每个字都是高景恒的心血，他却无私地将稿费用于杂志的创办！笔者也感受到了老师对学生的爱护，我们这些学生对这本书的贡献微乎其微，但高景恒却将我们都列为"小册子"的编者，还给我们发了稿酬。"采得百花成蜜后，为谁辛苦为谁甜"。高景恒就是这样一心想着事业、想着他人，却从不为自己打算的人。我们的老师是多么的伟大啊！

配套录像带

"小册子"的发行吸引了大量进修生来到辽宁省人民医院进修，人多时甚至要按顺序排队才能进来。但即便来到医院进

图 5-4　高景恒在给进修医生讲课（1993）

修，那么多人围在术者周边，既看不清手术过程，也违反无菌原则。因此，有医生提出可否录制一些手术视频的录像带。

高景恒采纳了这个建议。他请来了原辽宁省职工医学院影像科的杨忠秋、张友谊两位同志。那段时间，杨、张两位同志和整形外科的高国林为高景恒的手术录制了大量的录像带。这些录像资料被杨忠秋、张友谊带回到原单位进行编辑。那时的编辑工作异常艰苦，录像资料先由张晨从前到后全程观看后粗略挑选出可供编辑的段落，再由高景恒选取出有意义的镜头，最后经杨忠秋、张友谊的裁剪编辑后形成完整的手术录像。为了选取出好的片段，有时要盯着一段录像翻来覆去看上 10 余遍。对于刚做完手术的高景恒来说，真是异常辛苦！

1990 年秋天，配合《实用美容手术》出版发行的美容外科录像带录制完成。为了保证录像带的质量，摄制组还请来了

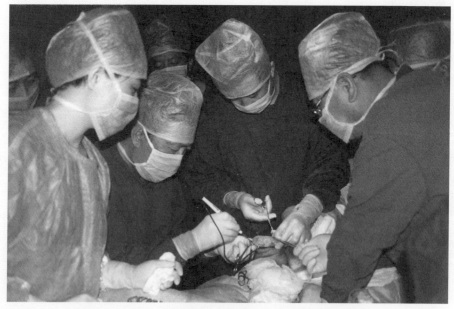

图 5-5　每次手术都有很多进修医生参观（1993）

专业配音演员、辽宁话剧团的辛敏航为录像配音。这盘录像带图像清晰、手术步骤完整、配音内容丰富、音质洪亮，受到了广大读者的好评。

《实用美容手术》对我国美容外科的普及和发展起到了很大的推进作用。在美容外科书籍极其匮乏的年代，"小册子"成为很多美容外科医生案头的必备教材。他们有时间就全书通读，遇到叫不准或没做过的手术，就在术前再看看，权当临阵磨枪。一大批医生都是看着这本"小册子"成长为今天的美容外科方面的知名专家。

这本书在当时也发挥了教科书的作用，很多培训班的学员和整形外科进修生几乎人手一本。《实用美容整形外科杂志》编辑部也以这本书为蓝本，在1991—1997年间举办了5届美容外科培训班和学习班。

《实用美容手术》出版以后，在1990年张涤生、赵萍萍教授出版了《实用美容外科学》，同年出版的美容外科专著还有宋儒耀、方彰林教授的《美容整形外科学》，以及王大枚教授的《美容外科简明手术学》。这些书籍的出版，暂时缓解了美容外科医生对美容外科知识的渴求。

时代提出了新要求

正如高景恒所料，进入20世纪90年代，我国美容外科的需求持续增加，因此逐渐成为临床医学领域一门较热的学科。然而，快速的发展也带来了相应的问题。真正从事美容外科工作的医生太少，根本满足不了社会的需求。一些原来在眼科、耳鼻喉科、颌面外科、皮肤科和非手术科室的医生纷纷转行从事美容外科工作。更有甚者，一些非医疗人员也将美容外科作为赚钱谋生的手段。一时间，美容手术并发症频发，有些人甚至毁容，严重的致人死亡事件也有发生。为了规范医疗行为，国家有关部门于 1994 年先后出台了《医疗机构基本标准（试行）》及《医疗机构管理条例》等法律法规。在《医疗机构基本标准》中首次出现了医疗美容诊所的字样。

面对求美者激增的需求，中华医学会医学美学美容分会也在讨论如何应对这种混乱的局面。作为学术组织，他们要做的事情是如何及时总结我国 10 多年来美容外科发展的经验以及如何为求美者提供高质量和全方位的服务。另外，如何促进美容学科建设和发展等问题也被提了出来。

高景恒时任中华医学会医学美学美容分会副主任委员。作为我国现代美容外科的先行者之一和分会骨干，他同样思考着我国医学美容在未来发展的方向。

那段时间，他经常在科室业务学习时和大家讨论美容外科的学科发展、如何定义服务对象、主要任务、如何创新以及如何与相关学科合作等问题。

高景恒认为，尽管美容外科有着悠久的历史，但在我国仍然是一门发展中的医学学科。人们应当从学科发展和学科建设的角度来认识这门新兴的学科。从广义角度上讲，美容外科适用于各个学科；从狭义角度上看，美容外科自身也需要不断创新和深入研究。其结果不但可以推进自身的发展和提高，也会促进相关学科的发展。

在如何定义美容医学的服务对象的问题方面，也比较混乱。在医院，我们把求医者统称为患者。然而，当我们将一名要做重睑术的健康人定义成患者后，我们的服务对象会很恼火。社会上的美容医院则多把我们的服务对象定义为顾客。然而，我们提供的服务手段却是医学手段，又怎能把医学服务于顾客呢？面对如此窘境，以高景恒为代表的专家们建议把医学美学的服务对象定义为求美者或求术者。

高景恒认为，美容医学是除临床医学、预防医学和康复医学以外的第四医学。之所以称它是第四医学，是因为它服务的对象是健康人。他们既不是患者，也不是顾客，而是一个特殊群体，是要借助医学手段实现面型美和形体美的健康人，所以将他们定义为求美者或求术者更容易被双方接受。

美容外科是一项锦上添花的技术，严格地说，只许成功不许失败。因此，对医生的要求更高。对于美容外科从业人员混杂的现状，高景恒认为技术普及与队伍庞大是好事。他经历过整形美容作为一个小科室在医院处于不被重视的地位的时期，但高景恒对美容医师队伍普遍素质较低以及劣质服务求美者的问题不无堪忧。他呼吁要对美容外科医生队伍严格培训，使其不断提高素质。

高景恒还特别重视美容外科的研究与创新。他认为，我国美容外科仍然处于效仿他人和拿来主义阶段，开拓性和创新性成果不多，与国外相比有较大差距，尤其在基础研究方面差距甚大。因此，他指出，应加强理论基础与临床研究相结合，快出成果，出好成果。从而加快我国美容外科的学科建设和发展。

在讨论与相关学科的关系时，高景恒认为，美容外科与很多学科都有交叉关联，因此应以创造美为目的，以加强与其他学科的合作为美容外科快速发展的重要途径。他特别强调，临床医师不仅要学习医学美学、人体测量学、老年医学、解剖学、病理学、材料学等相关学科知识，还要深入研究，主动与相关学科合作，共同攻关。

高景恒还特别重视美容医学教育。他说，作为一门学科，要有一个高水平的技术队伍。因此必须重视美容医学教育。可以通过建立美容医学系、研究生培养、医师进修与培养等手段，造就出一批高水平的师资队伍，培养出更多高水平的美容外科医师。

高景恒的这些观点，是从长期临床实践和教学科研积累中形成的，也是他对国家经济和社会发展给美容医学发展带来影响的预见。他乐见医学美容医师队伍和影响的日益扩大，也担心这种"野蛮生长"带来的弊端。因此，他通过不断思考和总结，使自己对美容外科未来发展的思路日渐清晰。他决定在"小册子"的基础上，将《实用美容手术》升华为《美容外科学》。

而恰在此时，中华医学会医学美学美容分会也在酝酿出版一部系统阐述我国美容外科学的专著。这样一来，编写《美容外科学》这个历史性任务便落在了高景恒的肩上。中华医学会医学美学美容分会组织了由高景恒牵头的写作班子，作者都是来自全国各地有丰富临床经验的美容专家。

在准备《美容外科学》这本书时，高景恒向杨果凡教授征求了意见。杨教授对高景恒的想法给予了大力支持，加之有撰写《实用美容手术》的经验，高景恒对撰写一部大部头的著作胸有成竹。而且有众多国内优秀专家的参与，高景恒就更有信心了。

《美容外科学》面世

那时已是20世纪90年代后期，查阅文献和编辑修改资料的条件比10年前有了大幅改观，计算机已经用到了文献检索和编辑内容上。检索文献可以使用光盘，后期还有了网络。高景恒很快就掌握了这些现代化的科技手段。尽管他的写作仍然是一笔一画地写，但写好的草稿很快由编辑部的编辑们录入计算机再打印出来，高景恒再在打印的稿件上进行修改，效率不知比以前要快出多少倍。其他作者负责撰写的部分也先后通过电子邮件或邮寄的软盘汇聚到高景恒这里。

在绘图方面，高景恒请来了辽宁省金秋医院麻醉科主任白承新教授。白教授此前是辽宁省人民医院的麻醉医生，后来成立了辽宁省金秋医院，白教授也因高超的麻醉技术调入辽宁省金秋医院。他是麻醉科的秀才，不仅麻醉手法安全有效，还画得一手好画。他的素描线条流畅、形象逼真、惟妙惟肖。为此，高景恒的学生们在高景恒七十、八十寿辰的纪念册上还请他为高景恒画了肖像。由于白教授经常为整形外科手术实施麻醉，他深知高景恒每幅图画要表达的含义和意境。因此，这些插图会更加细腻、形象和逼真。

　　至 2001 年，书稿全部内容写作完毕。中华医学会医学美学美容分会向国家科学技术学术著作出版基金办公室提出申请，资助这本巨著的出版。出版基金办公室的评审专家们对《美容外科学》一书的出版价值给予了肯定。《美容外科学》在所有受理的申请项目中脱颖而出，获得了当年的国家科学技术学术著作出版基金。时值国家新闻出版总署实施"十五"国家重点图书出版规划，《美容外科学》也因其重要的学术价值而列入其中。至此，这本划时代的鸿篇巨著由北京科学技术出版社

图 5-6　《美容外科学》出版

于 2003 年出版了。

高景恒的老师、中国工程院院士张涤生为这本书写了序言。他认为，这本书完善了我国美容医学的理论体系结构，加强了美容医学的学科建设，促进了美容医学的整体发展，是一部美容外科学新发展的代表性著作。

张院士还对这本书中强调的整形外科是美容外科基础的论点大加赞赏，他认为美容外科医生必须经过一段时间扎实的整形外科培养与实践。他在序言中写道："这世界不存在无源之水，无本之木。如果违反这个原理，美容外科的发展必将误入歧途。"他还希望读者能够从此书中得到启发，从而促进美容外科的创新和发展，而不要为了牟利而弃医德。可以看出张院士对这部著作寄予了厚望，也希望我国美容外科能够健康稳定地发展。

《美容外科学》的出版，引发了广大美容外科医生的热烈反响，首印的 3000 册很快售罄，它对我国整形美容外科的发展起到了无可替代的作用。这本书不仅成为很多美容外科医生的案头资料，也成为很多教师编写教材的重要参考书。在之后出版的一些美容外科参考书上，甚至可以看到整段《美容外科学》的内容。由此可见，这本书的权威性和受欢迎程度。

再版《美容外科学》

高景恒没有因为《美容外科学》的出版而停止前行的脚步，他一如既往地关注着美容外科领域的新进展。任何新理念、新疗法、新设备、新药物的出现他都记录在小卡片上。

高景恒发现很多新的能量设备，如激光、电、射频、超声、等离子等设备被发明出来，并将其引入美容外科领域。干细胞、细胞因子等新药物、新生物填充材料、组织工程技术在美容外科领域发挥了创新作用。中胚层疗法、细胞疗法在美容外科领域得到快速发展。再生医学、抗衰老等医学理念在美容外科领域获得了广泛认可。他愈加迫切地感觉到常规技术的不断改进、无创/微创技术、再生医学和抗衰老医学等必将代表着美容外科未来发展的方向。因此，有必要将这些内容补充到未来的教材中去。他想，可否再出一版《美容外科学》呢？

为此，他借着去北京开会的机会，数次到北京科学技术出版社反映他的这些想法。据出版社的编辑侍伟老师回忆，大概在2011年夏季的一天，时年76岁的高景恒在儿子高峰的陪同下，冒着酷暑专程到北京科学技术出版社研究《美容外科学》再版的问题，出版社的总经理张建亲自接见了高景恒。高景恒拿着厚厚的书稿详细地向张建说明了补充的内容及再版的意义。张建和北京科学技术出版社的同志都被高景恒为学科发展的奉献精神所感动。他们大力支持高景恒再版《美容外科学》的想法。晚上还特意宴请了高景恒父子。

2012年7月，历经1年的修改和校对，《美容外科学》（第2版）成功面世。此时距离高景恒编撰出版《实用美容手术》已经过去了近1/4世纪。

1/4世纪在人的一生当中不可谓不重要。人活百年，1/4人生不可谓不长。但对大多数人来说，即使是一生也是转瞬即

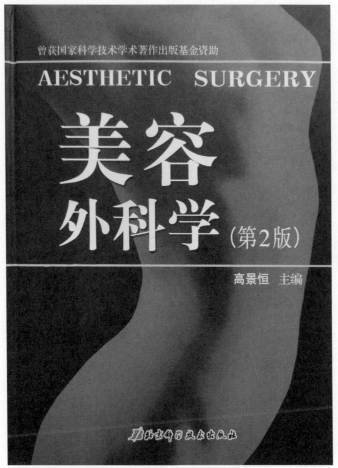

图 5-7 《美容外科学》再版

逝，没有几个人能为这个世界留下什么。然而，高景恒正是利用 55 岁以后这 25 年，做出了不平凡的事情。对绝大多数人来说，55 岁已经接近职业生涯的终点，需要考虑的是如何享受生活。可高景恒珍惜生活中每一天的每一分每一秒，他仍要承担繁重的临床工作，审阅数不尽的稿件，审核每一期待出版的杂志，还要参加国内外的学术会议，而且还发表了百余篇论文。就是在如此重压的工作下，他还完成了三部在美容外科领域具有历史意义的著作。此外，同期他还担任了王炜教授主编的《整形外科学》的副主编，以及国内其他很多著作的编者。

那么，高景恒是如何做到的呢？或许只有高景恒的家人和学生能给出答案。下班对很多人来说是一天工作的终止，他们要回家休息、看电视、陪家人。而对高景恒来说，它意味着另一段工作的开始。多数时间高景恒会在晚饭后看看新闻联播，之后就会一头扎进他的学术中去，或查阅文献，或阅读书籍，或写作，或思考。这样工作经常到深夜，他的学生也经常会在睡梦中被老师的电话叫醒，被训斥几句在所难免，"我这么大年纪还在看书学习，你们这么早就睡觉了，真是不思进取。"训斥之后会讨论白天遇到的疑难问题以及患者的术前情况、术后问题等。正是对自己的严格要求和在这种争分夺秒的节奏中，高景恒完成了常人认为不可能完成的任务。

成功，是至高无上的。它夹杂着成功者的振奋与喜悦。但我们所看到的只是其光鲜亮丽的一面，却很少有人知道他们付出了多少辛劳与汗水。

（张　晨，王洁晴）

6 耕耘杂志

1988 年下半年，高景恒完成了他首部美容外科专著、也是我国首部美容外科专著《实用美容手术》。每天来自全国各地的订购单像雪片一样飞向沈阳，一本本带着油墨香味的新书被邮寄到读者手中。

在撰写这部专著的时候，高景恒还想着另外一件事。书籍出版发行是对前人技术的总结，而对各种新动向、新理论和新技术的及时交流，杂志以其时效性成为不可或缺的平台。

初始动因

然而，彼时的中国，在美容外科领域仅有一本 1985 年创刊的《中华整形烧伤外科杂志》。从这本杂志的名字就能看出，它更多地关注修复重建外科和烧伤救治的内容。由于杂志为双月刊且页面有限，美容外科在这本杂志上所占的版面微乎其微。因此，在中国大地不断涌动的美容外科潮流的推动下，创建一本以美容外科为主要内容的杂志似乎势在必行。

图 6-1　邱武才教授（前排左一）来科室访问（1988）

一天下午，一位西装革履、笑容可掬的中年男士在高景恒的陪同下来到辽宁省人民医院整形外科参观，这身装束在20世纪80年代并不多见，他彬彬有礼地和科室的医护人员打着招呼。在病房里，他时而用简单的中文单词与高景恒交流，时而通过身边王志军的翻译与高景恒更深入地沟通，他就是新加坡籍华人整形外科医生邱武才。

邱武才教授（KHOO BOO-CHAI，1929—2012），祖籍福建厦门，出生在新加坡。邱武才1954年大学毕业后在新加坡总医院做外科住院医师，1959年在日本东京警察医院做整形外科住院医师，20世纪60年代初又去美国师从 Ivy 教授，而后回新加坡自己创业从事美容外科。邱武才早年曾在英文专业期刊撰文介绍东方美容外科的特点及重睑术，后任美国《美容整形外科杂志》（*Aesthetic Plastic Surgery*，APS）和《整形再造外科杂志》（*Plastic and Reconstructive Surgery*，PRS）国际论文摘要的编委，是在国际整形外科界享有一定声誉的华人整形外科医生。他热爱中国，也热衷于推动我国美容外科的发展。1984 年 6 月，他帮助中国医学科学院整形外科医院成功举办了首届国际整形外科学术会议。正是在这次会议上，他结识了杨果凡教授。尽管他只能用简单的中文与杨教授交流，但这丝毫没有影响到他们的交往。之后，两位专家成为非常要好的朋友。

这次是应杨果凡教授的邀请，邱武才教授来到了沈阳，通过杨教授的介绍，他又结识了高景恒。在这里，他向杨、高两位教授表达了创建一本中文版的美容整形外科杂志的想法。3位教授一拍即合，决心创办一本以美容外科为主要内容的中文杂志。那个时候在国际上也仅有一本以美容外科为主的杂志：美国《美容整形外科杂志》（APS）。这本杂志是国际美容整形外科学会（ISAPS）的官方杂志。

3 人既有协作又有分工。杨果凡利用他在行业内的名望与声誉，可以争取到许多知名专家和学者的支持和帮助。邱武才具有丰富的办会经验，且那时国外医生的收入要远高于国内，他还是一些国际期刊的编委，因此由邱武才提供经验和资金支持。高景恒正值中年，精力旺盛，他阅读过大量的整形外科文献，积累了丰富的学术知识，而且刚刚出版了《实用美容手术》，因此由高景恒负责编辑和一些具体工作。

万事开头难

高景恒将上述情况向医院刘公尧院长以及其他领导做了汇报。刘公尧院长是泌尿外科专家，来辽宁省人民医院任职前在中国医科大学附属第一医院工作。作为一名资深专家，他深深懂得创办一本学术期刊对刚刚成立的辽宁省人民医院来说有多重要。它不仅代表着办刊医院相关学科的学术水平，也是一张不断流向全国各家医疗机构的名片。医院领导班子很快同意了高景恒创办杂志的想法，并决定在创刊初期，由医院负责印刷等费用。1989 年，在辽宁省人民医院的大力支持下，高景恒开始筹建创办杂志，邱武才教授也汇来了 5000 美元作为启动基金。

由于辽宁省人民医院没有杂志社，经刘公尧院长牵线将杂志暂时挂靠在位于沈阳市的实用医学杂志社。那段时间，高景恒经常骑着他那辆 28 型号的自行车往来于辽宁省人民医院和实用医学杂志社之间。在实用医学杂志社，他结识了原《实用外科杂志》编辑部主任夏志平教授。夏主任同样是外科医生出身，他非常理解一名医生创办杂志所具有的情怀和不易。二人惺惺相惜，在创办杂志方面有着聊不完的话题。夏主任答应高景恒在编辑部创建之前帮助杂志的编辑工作。至此，编辑部的场所暂时有了着落。

杂志取什么名字呢？杨果凡教授和高景恒都认为那个时代的医生更急需实用的美容外科技术，而非美容外科理论。因此，杂志取名为《实用美容整形外科杂志》。这样，这本杂志被纳入了实用医学杂志序列。

1990年6月，杂志在昆明召开了首届编委会。杨果凡和高景恒两位教授从全国各地的整形外科专家中推荐了50位著名专家作为杂志的编委。其中不乏孔繁祜、李式瀛、赵萍萍等整形外科领域的翘楚。编委们在会上一致推举杨果凡教授为杂志的主编、高景恒为常务副主编，编辑部设在辽宁省人民医院。同时，杨果凡、高景恒也向全国的同道们发出了稿约。

回到沈阳后，两位教授快马加鞭，分别催促辽宁省人民医院、原沈阳军区总医院联合发出书面文件至辽宁省卫生厅，正式申请创办《实用美容整形外科杂志》。

随着高景恒知名度的不断提高，社会活动也越来越多，周末几乎都在各种学术会议上。平日繁忙的临床工作占据了高景恒大量的时间，而杂志的创办也提上了议事日程，他实在有些应接不暇，于是找到院长请求援助。

刘公尧院长答应了高景恒的请求，他派来了各方面能力都非常优秀的医院办公室主任杨倩同志。

杨倩比高景恒大一岁，她和高景恒及高景恒的夫人王长菊老师是吉林同乡。20世纪80年代初，正是杨倩和当时的辽宁省人民医院院长到遵义调回的高景恒。听说杨倩要来帮忙筹建杂志，高景恒别提有多高兴了，他亲切地称呼杨倩为老大姐。

杨倩的到来对高景恒来说如虎添翼，好多事情杨倩都可以代替高景恒去办理。她向医院要来了门诊5楼的一间值班室作为编辑部的临时办公室，同时还向有关部门要来了"期刊出版申请表"。

申请创刊的事进展得非常顺利。在院内，杨倩到各个部门都是一路绿灯，各种印章如数盖到审批的文件上，创办杂志的经费落实到位。由于辽宁省人民医院是辽宁省卫生厅的直属医院，作为医院办公室主任的杨倩到卫生厅办事也是轻车熟路，申请很快得到了上级部门的批准。虽然刚开始批准的是内部刊号，但总算是可以内部发行了。

在杨倩办理各种手续并筹办杂志编辑部的时候，高景恒则利用这段时间忙于组稿。与那些已经正式出版发行的学术期刊不同，新创办的杂志组稿并不容易。高景恒分别写信给国内的整形专家，向他们介绍杂志创办的初衷，积极动员相关专家将美容相关的稿件投到这本新办的杂志上。同时，高景恒也号召科内医生们积极撰写文章。

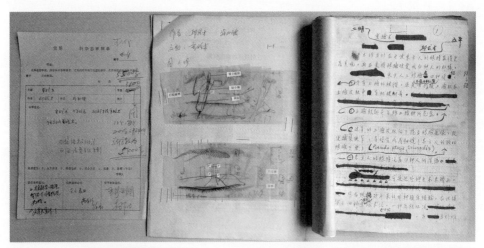

图6-2 《中国美容整形外科杂志》创刊号的审稿单、插图及手稿原稿（图为杂志创办人之一新加坡邱武才医生的投稿）

那时的稿件很少是打印的，多数由作者在原稿纸上将文章草稿抄写下来，再经邮局寄到高景恒这里。高景恒将收集上来的稿件逐字逐句地审阅、修改。1990 年的夏天对于高景恒来说是异常繁忙的季节，他既要将全国各地寄来的稿件分门别类地整理出来，还要忙于美容手术录像、编辑。而这些时间都是从一台接一台的手术后挤出来的。

秋天是收获的季节。1990 年 10 月，《实用美容整形外科杂志》创刊号终于与读者见面了！为此，我国老一代整形外科专家纷纷发来贺词。时任中华医学会整形外科分会主任委员宋儒耀教授的贺词是："让救死扶伤所挽救的生命生活得更愉快和更有价值才是实行革命的人道主义。"上海九院张涤生教授的贺词是："学术交流、遵循科学、坚持正规，为发展美容外科做出贡献。"北京大学第三医院朱洪荫教授、王大枚教授也都发来了贺词。

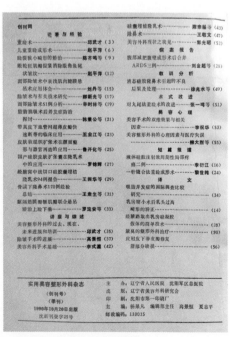

图 6-3　《实用美容整形外科杂志》创刊号及目录

当3000册崭新的杂志由沈阳市第一印刷厂运至编辑部时，高景恒的脸上露出了久违的笑容。

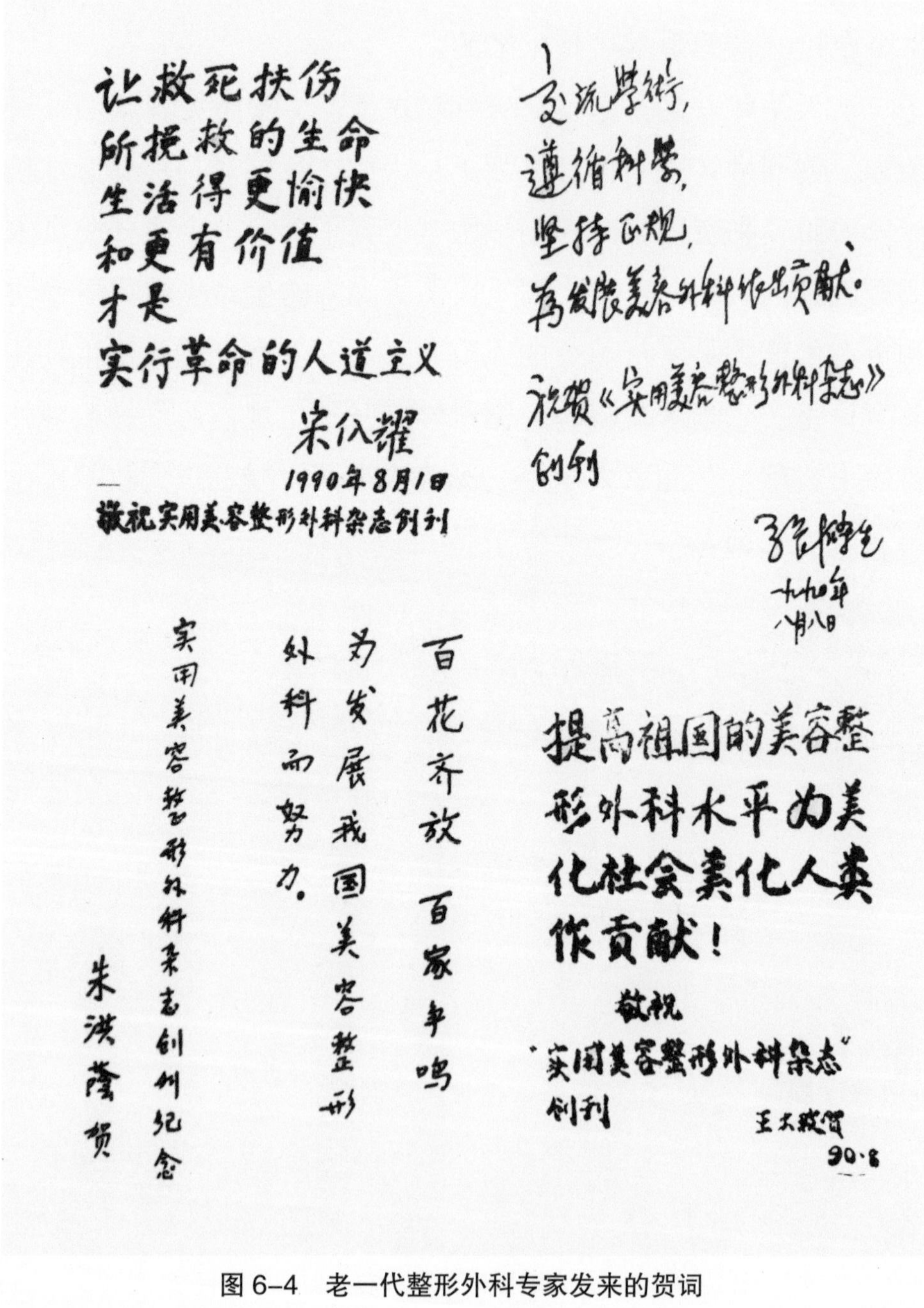

让救死扶伤所挽救的生命生活得更愉快和更有价值才是实行革命的人道主义

宋儒耀
1990年8月1日
敬祝实用美容整形外科杂志创刊

交流学术，遵循制度，坚持正规，为发展美容外科作出贡献。

祝贺《实用美容整形外科杂志》创刊

一九九〇年八月八日

百花齐放 百家争鸣 为发展我国美容整形外科而努力。

实用美容整形外科杂志创刊纪念

朱洪荫贺

提高祖国的美容整形外科水平为美化社会美化人类作贡献！

敬祝"实用美容整形外科杂志"创刊

王大玫贺
90.8

图6-4 老一代整形外科专家发来的贺词

再接再厉

　　然而，高景恒清醒地认识到，创刊号的发行仅仅是万里长征的第一步。编辑部除杨倩一人之外，既没有编辑也没有办公的场地。创刊号是由原《实用外科杂志》的夏志平主任帮忙编辑的。作为一本杂志，总是依靠别人帮助毕竟不是长久之计。然而医院已经拿出了很多资源支持杂志的创办，未来杂志如何走向正轨呢？高景恒对杂志的进一步发展一筹莫展。

　　首先需要解决的是杂志的办公地点。高景恒经常去图书馆看书，他发现图书馆有些空闲的房间，于是他找到了图书馆馆长姜希联。姜馆长是个热心且爽快的人，他了解高景恒的为人，也格外尊重高景恒。他将高景恒领到二楼东侧的几个房间，表示只要医院领导同意，这些房间都可以用作编辑部的办公场所。之后，这件事经杨倩与刘院长沟通很快确定下来。

　　1991 年 5 月，编辑部搬到了图书馆二楼。杂志出版了这一年的 1、2 期合订本，但这个合订本是杨倩借用医院的设备来编辑完成的。

　　看着空荡荡的房间，高景恒开始筹划编辑部的人员和办公设备。他从科室的科研经费里挤出部分资金，购买了当时最先进的 386 计算机。而恰逢此时邱武才教授资助了一台激光打印机，这在当时绝对是个"大件"！好消息接踵而至，整形外科的护士赵冬梅调入编辑部。这个姑娘聪明好学，她很快掌握了打字和编排程序的方法，之后又调来了图书馆的李大欣。至此，杂志的编辑部终于成立了。

一次难忘的编委会

有了"根据地"，高景恒开始谋划杂志的下一步发展。为了及时总结创刊经验以及探讨未来发展规划，杂志于1991年8月在黑龙江省宁安市召开了第一届编委会第二次会议。会议得到了宁安市医院的大力支持，编辑部还与宁安市医院联合举办了第一期美容外科学习班。

会议开始的前两天，高景恒、杨倩主任、张晨医生以及编辑部的两位编辑带着刚出版的杂志和高景恒的"小册子"大包小裹地登上了开往牡丹江的火车。

那个年月，出门远行的主要交通工具就是火车。刚开始，高景恒一行和几名进修医生坐的都是硬座，当得知火车要在第二天上午才到牡丹江时，大家都劝高景恒补一张卧铺。要知道，在那时卧铺绝对是"紧缺货"。火车过了长春，总算补到了卧铺，但高景恒坚持让女士们到卧铺休息，他则留在硬座审阅着来自全国各地的稿件。入夜，车行至哈尔滨后，同行的几个人都补到了卧铺，这时他才去卧铺休息，第二天上午抵达牡丹江后才听说，深夜火车在尚志站停靠时遭遇了劫匪，抢走了几个进修医生的钱财，科里的几位同志每每想起这件事都觉得后怕。

然而，故事并未到此结束。当高景恒一行人马乘车到达会议所在地宁安时，适逢牡丹江暴发了几十年不遇的洪水。道路两旁的田地一片汪洋，部分桥梁和公路被洪水冲毁。汽车临近一座桥梁时，因河水已经接近桥面，不允许汽车通过，高景恒一行人马只能步行前往会场。即便如此，当晚的培训班还是准时开班了。

在培训班的开幕式上，面对如饥似渴的美容外科医生，高景恒并没有直接讲授美容手术的概念。相反，他向学员们反复强调美容外科手术安全的重要性。他说："美容外科是锦上添花的手术，它所面对的对象是健康人。因此，对于每项手术都应如临深渊、如履薄冰。"

在宁安，杨果凡教授和高景恒共同主持了编委会。会上，全体编委一致肯定了高景恒在杂志创刊初期取得的成绩。此外，他们还讨论了杂志创刊的长远意义、办刊方针和规划。这次会议编委们再次确立了以杨果凡教授为杂志主编、高景恒为常务副主编的编委会组织架构。至此，高景恒一行也带着成功召开编委会的喜悦心情回到了沈阳。

一切看来都按照两位创始人的设计推进，即使遇到一些困难，也都在高景恒和杨倩的努力下迎刃而解。然而，1991年年底，一直大力支持杂志创办的刘公尧院长退休了。

新上任的院长是从辽宁省肿瘤医院调来的王者生，王院长对这本"嗷嗷待哺"的初创期刊持什么态度，高景恒并不清楚。但他清楚一点，就是这本大家翘首以盼的杂志一定要办下去，而且必须办好。

高景恒拿着已经出版的杂志找到了刚刚走马上任的王者生院长，他力陈这本美容杂志的重要性和迫切性，当然他也不失时机地摆出了杂志目前所面临的种种困难。王者生院长是中国医科大学毕业的硕士研究生，1982年毕业后留校任教，2年后调任辽宁省肿瘤医院任副院长并主持工作。他用了几年时间带领刚建立的辽宁省肿瘤医院走出了困境，后来又被调到了辽宁省人民医院。

年轻的王者生院长具有开拓精神，他被高景恒的创业精神所感动，医院决定每年给予编辑部 5 万元人民币的资金投入。而在此前，杂志的印刷费一直都靠邱武才教授资助，资金一直处于十分紧张的状态。

好消息

1992 年 5 月，高景恒等来了创办杂志最振奋的消息，国

图 6-5　1993 年杂志进入中国科技期刊管理数据库

家正式批准杂志的 CN 刊号，批准《实用美容整形外科杂志》统一刊号 CN21 — 1293/R。同年 7 月，杂志进入国际连续出版刊物系统。至此，《实用美容整形外科杂志》已经成为正规的学术期刊了，发行方式也由自办发行改为邮局发行。杂志的出版发行进入了正轨，其发展也进入了快车道。1993 年第一季度的发行量就达到了 4400 册，同时也拿到了广告的批文。这样，杂志由外部输血渐渐地开始自己造血，资金周转也进入了良性循环。

1993 年，杂志顺利进入了中国科技期刊管理数据库，印刷数量也达 5000 册以上，杂志发展之快超出高景恒的预料。

瞄准国际化

尽管杂志发展顺利，但高景恒仍然没有满足于现状，他想到了杂志的国际化。使用国际三大检索系统几乎是高景恒每天查找资料的固定动作，他知道，在三大检索系统内检索到的学术期刊都是具有国际影响力的。他梦想着有朝一日，《实用美容整形外科杂志》也能进入三大检索系统。他给邱武才写信询问杂志进入国际检索系统的途径和可行性，而那段时期刚好邱武才任 PRS 杂志的国际整形杂志摘要栏目编委，他建议先把我们杂志的优秀文章摘要登载在 PRS 上。他请高景恒帮助挑选一些杂志的优秀文章作为参考，由他负责翻译并推荐给 PRS。当年邱教授就在 PRS 杂志上转载了杨智义、王志军等教授的 15 篇论文摘要。之后，《实用美容整形外科杂志》的英文名字出现在了国际顶级期刊的文摘上，这些文章也被美国国立医学图书馆收录。

在文章收录目录上，杂志的名字被译为 *Chinese Journal of Practical Aesthetic and Plastic Surgery*，而实际上我们的杂志并未冠为中国二字。邱武才教授在给高景恒的信中说，一本专业期刊拥有 5000 多读者在国际上也是不多见的。因此，杂志是否可以考虑加上中国二字。这件事情对高景恒的触动很大，他也将杂志的更名事项列入杂志发展日程上。

1995 年的编委会上，杨果凡教授和高景恒就如何提高杂志的英文摘要质量、入期刊源问题以及杂志更名为《中国实用美容整形外科杂志》等作为主要问题提了出来。这些问题事关杂志的国际化，因此作为杂志进一步发展的主要目标被确定下来。

1996 年，杂志的投稿数量持续增加。季刊已经无法满足作者的需求，稿件大量积压，录用稿件见刊时间过长。于是高景恒与出版管理部门反复申请，将杂志扩增为双月刊。然而，编辑部的工作量也大幅提高，高景恒的审稿任务也加倍增多。但这时已到退休年龄的高景恒仍在担任着科室主任的工作，他白天忙于手术和专家门诊，晚上还要挤出时间忙于编辑部的事务，经常审稿到深夜。

接任主编

然而，就在高景恒奋力推进杂志发展的 1997 年，杂志主编杨果凡教授因病去世。高景恒悲痛万分，在他心里，杨教授既是他的老师，也是他的战友。在创办杂志的过程中，杨果凡教授始终是他内心的强大支柱。杨教授的离世无论对杂志还是高景恒本人都是巨大的打击。同年 8 月，在大连召开的第三届编委会上，编委们一致推举高景恒做杂志的主编，这让高景恒倍感压力。

回到医院，高景恒找到医院院长王者生，坚决要求辞去科室主任，他要全身心地投入到杂志的发展上。彼时，王志军和李万两位教授已经是科室的副主任，高景恒要把科室发展的重担交给这两位年轻的教授。至此，他毅然搬出了自己已经工作了 10 年的办公室，将自己所有的办公用品搬到了编辑部。当然，高景恒仍然是科室的名誉主任，作为辽宁省的优秀专家，他仍然坚持出专家门诊。遇到疑难病例，他也会参加术前讨论，

图 6-6　高景恒在杂志编辑部的办公室（2000）

甚至在科内医生手术遇到困难时，他也会亲临手术室指导。这样一做就是 20 年。直到 2017 年，82 岁的高景恒才办理了退休手续，真正离开了他心爱的工作岗位。

高景恒接任主编以后，对杂志进行了一系列改革。编辑部每年都要办 1 ~ 2 期培训班，以此加强杂志与读者的联系。通过培训班了解读者最想看到哪些内容，培训班的收入还可补贴不断增加的印刷成本。同时，杂志每年都会对编委们进行问卷调查，确定第二年每一期的主题栏目，使杂志的内容及时跟上国内外的进展。为了增加杂志的容量以及与国际期刊接轨，杂志的版面被改为国际大 16 开。此外，高景恒还请人重新设计了杂志的封面，使其与杂志的内容更加吻合。

杂志进入"国家队"

2000 年，杂志被列入国家科技部中国统计源期刊，同时入选了万方数据资源系统及中国期刊网。2001 年，高景恒作为发起人之一参与了中国医师协会美容与整形外科医师分会的筹建工作。这一期间，高景恒有机会接触到中国医师协会学术部的相关领导。当协会的领导得知高景恒是一本美容外科杂志的主编时，便和他探讨了由中国医师协会主办《实用美容整形外科杂志》的可能性，此想法与高景恒的想法不谋而合。要知道，就学术影响力来说，一个医疗机构根本无法与学术团体相比。要想增加杂志的学术影响力，最佳途径就是挂靠到相关的学会或协会。高景恒立刻将此情况汇报给了辽宁省人民医院的领导，医院领导非常支持高景恒的想法。2002 年 1 月，辽宁省人民医院向中国医师协会提出申请，将杂志隶属为中国医师协会。4 月，中国医师协会批准同意医院的申请报告，至此，《实用美容整形外科杂志》成为中国医师协会的官方杂志。正是隶属关系的变更，为杂志的更名铺平了道路。

2003 年，《实用美容整形外科杂志》成功更名为《中国实用美容整形外科杂志》，主管部门为中华人民共和国卫生部，主办部门包括中国医师协会、辽宁省人民医院和原沈阳军区总医院。至此，这本高景恒一手经营了 10 余年的杂志，终于成长为名副其实的国家级杂志。高景恒也可以给故去的杨果凡教授一个满意的交代了。

亮相国际舞台

2005 年，杂志编辑部收到中国科学技术期刊编委会国际交流委员会委员、大连理工大学图书馆国际期刊咨询室负责人朱诚教授发来的电传，内容为：《中国实用美容整形外科杂志》已列入"俄罗斯《文摘杂志》来源期刊"。杨教授和高景恒在 10 年前确立的国际化目标因此结出了硕果。此后，杂志又分别被美国《化学文摘》（*Chemical Abstracts*，CA）、美国《乌利希国际期刊指南》（*Ulrich's International Periodicals Directory*）、波兰《哥白尼索引》（*Index of Copernicus*，IC）、美国《剑桥科学文摘》（*Cambridge Scientific Abstracts*，CSA）收录。

杂志经过 15 年的发展，见证并记载了现代中国美容外科发展的历程。从杂志创刊时以介绍基本技术为主，逐渐增加了临床研究、实验研究、发展趋势等更加深入的学术内容。这样的变化可以以微创和无创美容外科技术为例。走进新世纪的中国，已经做好了经济腾飞的准备，人民生活水平的提高势必产生出对美的更高需求。然而，人们对大刀阔斧式的美容手术仍心存疑虑，通过注射或激光实现美的需求是绝大多数求美者的梦想。因此，如何提高注射技术和激光疗法的疗效和水平、减少并发症以及避免严重并发症成为很多美容医生讨论的话题。杂志从 2001 年起，逐渐增加了微创、注射、光电技术、中胚层疗法、透明质酸和肉毒毒素等相关的治疗与研究内容。正是高景恒适时在杂志中引入的微创美容的主题，与国内外美容外科趋势相呼应，正确地引导了那个时期我国美容外科的走向。

在这种背景下，为了让杂志的名字与内容相符合，不断扩大杂志的影响力和读者群，高景恒与编委们讨论后决定去掉杂志名称中的"实用"二字。这项申请于 2006 年得到了国家新闻出版总署的批准，由《中国实用美容整形外科杂志》更名为《中国美容整形外科杂志》。

高景恒做了一辈子的医生，很多医生都是从杂志上的文章或会议的演讲认识了高景恒。在人们的眼里，高景恒是一位和蔼可亲的长者、严肃认真的医者，但人们无论如何都无法想象高景恒还是一本专业期刊的掌舵人。

高景恒从未学过如何主编一本杂志，但是他的好学精神让他无畏困难。在做主编之前，他曾与华西医院的杨志明教授以及上海九院的王炜教授联合发起创办了《中国修复重建外科杂志》，他还是《中华整形烧伤外科杂志》的编委。因此，在创办《实用美容整形外科杂志》之前，他已经掌握了办刊的一般规律。但在一家新建医院白手起家创办一本杂志确实会有很多异乎寻常的未知和困难。在办刊初期，他的案头上经常放着一些关于期刊书籍出版的政策文件和相关资料，后期他又从邱武才的信件中获取到很多 PRS 的办刊经验，而在杂志内容的把控上则基于他多年来阅读整形专业的各种期刊的积淀。这其中，PRS 是高景恒最爱不释手的杂志。这本国际整形外科的顶级期刊，是高景恒那一代整形医生心目中的绝对权威。他和所有整形医生一样，都喜欢阅读 PRS 的文章，也期盼着能有机会在 PRS 上发表文章。

与 PRS 合作

2009 年的某一天，一件令高景恒意想不到的事情发生了。美国威科集团中国办事处（Wolters Kluwer Health in China）的首席执行官张莎莎给高景恒发来了邮件。威科集团是 PRS 的出版商，这封邮件表达了 PRS 与《中国美容整形外科杂志》合作的意向。

那么威科集团是如何知道《中国美容整形外科杂志》的呢？PRS 为什么要与我们这本中国杂志合作呢？

事情还得从 PRS 的主编罗德·罗利克（Rod J. Rohrich）医生说起。罗利克医生时任美国德克萨斯大学位于达拉斯的西南医学中心整形外科主任，他是国际整形外科领域中著名的专家和学者，在学术界表现得异常活跃。2005年，因其极高的学术地位荣任 PRS 的主编。

罗利克医生曾在1989年访问过中国。他受美国整形教育基金会（Plastic Surgery Educational Foundation scholarship）的资助，利用1个月的时间在我国多家医疗机构进行学术交流和演讲。通过这次交流，他发现世界上还有很多地方的医疗水平远没有达到美国那么先进。他认为美国医生有责任帮助全世界的医生提高技术，使患者都能享受到高水平的医

图6-7　PRS 杂志主编罗利克医生

疗服务。因此，在他当选为 PRS 主编后，就一直和美国整形外科学会（The American Society of Plastic Surgeons，ASPS）的领导人商讨寻找与中国的整形外科学术团体以及杂志合作的机会。他们在众多中国的整形外科中心所在的城市中锁定了北京、上海和沈阳。而就在2009年西雅图整形外科年会之前，蒲利群医生（著名美籍华人整形外科医生，英文名 Lee Pu）造访了 PRS 编辑部。他说他将在西雅图年会上接待来自中国的曹谊林医生（时任《中华整形外科杂志》主编），他建议 ASPS、PRS 以及威科集团利用这个机会讨论一下两国杂志合作的事

情。而在接下来的会面中他们确信中国的整形外科医生希望看到中文版的 PRS 文章。于是，他们开始通过威科集团中国办事处与中方杂志进行联系。

高景恒接到邮件后，立刻向医院领导做了汇报。同时，他还与编委会的一些副主编及常委进行了电话沟通。大家都积极支持高景恒与 PRS 合作。

2010 年 6 月 28 日，杂志编辑部与美国 PRS 杂志在辽宁省人民医院举行首轮会谈。当时，中方有辽宁省人民医院院长、杂志社社长董齐教授，杂志主编高景恒，杂志副主编、大连大学附属新华医院院长王志军教授等；美方有威科集团医学研究部副总裁尼尔·施密特、美国威科集团（中国）项目经理罗丹女士。双方就合作基本达成共识，并确定了签订正式合同的时间。

2010 年 9 月 14 日，《中国美容整形外科杂志》与美国

图 6-8　《中国美容整形外科杂志》与美国 PRS 杂志合作签约仪式（2010）

PRS 杂志正式签署了为期 3 年的合作协议。双方确定于 2011 年开始，在《中国美容整形外科杂志》单月刊增加 PRS 专栏，全年为 6 期专栏。至此，在我国整形外科历史上，首开了与国外整形外科杂志合作的先河。

那段时间，高景恒非常高兴。签订仪式的当天中午，高景恒在沈阳宴请了远道而来的 PRS 主编罗利克医生，来自上海九院的王炜教授陪同高景恒会见了罗利克医生。高景恒、王炜教授和罗利克医生仿佛是多年未见的老朋友。他们相谈甚欢，好像根本就不存在语言障碍。他们一起谈论整形外科所面临的挑战、年轻医师的培养、如何办好杂志等问题。有时高景恒用中文就某个问题提出自己的见解，罗利克医生根据高景恒的手势和表情就能猜出大概含义。同样，高景恒、王炜教授也会在罗利克医生未讲完的话题中理解出对方要表达的意思。从与高、王二位教授的交谈中，罗利克医生读懂了中国整形外科医生这么多年的奋斗历程。与 20 年前相比，中国的整形外科也有了巨大的进步。这些不经意的交谈，将 3 位临床经验丰富的医生的心紧紧地连在了一起。

不久，罗利克医生在 PRS 上发表了述评，题为 *So You Want to Be an International Plastic Surgeon？ Plastic and Reconstructive Surgery Visits China*（您想成为国际化的整形医生吗？ PRS 中国行），详细地讲述了 PRS 与中国杂志合作的过程和意义。高景恒、王炜教授与罗利克医生的合影赫然刊载在 PRS 上。而在两本杂志合作的第一年（2011 年），鉴于高景恒和王炜教授渊博的学识和高超的学术水平，他们双双被罗利克医生聘任为 PRS 的国际编委。两位 PRS 的忠实读者，在追随这本国际顶级期刊 40 年后，成为杂志的决策者之一。至此，他们成就了全世界数十万整形外科医生的梦想。

写到这里我们不禁要问，高景恒成就过那么多"第一"，而这次为什么还是他？很多人一定会说，高景恒有过人的智慧，他有在迷雾中找准方向和在困惑中找出答案的能力。还有一些人会说，高景恒有坚定的意志，他会想尽一切办法，克服一切困难去实现他的目标。而我们更愿意相信，这是出于高景恒的情怀！在生活中，高景恒是那样的平凡，平凡到他也有儿女情长，平凡到南迁遵义时带上了母亲的骨灰。但在工作岗位上，高景恒的身上却始终闪亮着一束光。那是一束敬业的光。正是这束光，照亮了他的人生，也照亮了他工作过的每一个岗位！

（张　晨，王志军）

7　创建学会

20 世纪七八十年代，整形外科的发展异常迅猛。显微外科的出现、轴型皮瓣与肌皮瓣概念的提出及应用、皮肤软组织扩张器和脂肪抽吸术的普及等，使整形外科从外科领域里一个不起眼的边缘学科迅速转变成一支不可或缺的重要学科。

本来整形外科在覆盖创面上就具有优势，岛状皮瓣及游离皮瓣的应用使整形外科在创面修复上更上了一个档次。在医院内部，无论骨科、普外科、胸外科，还是泌尿外科，都因创面的覆盖问题没有后顾之忧而在治疗水平上得到了大幅度提升。

那个年代，没有网络，也没有计算机和手机，可利用的杂志少之又少。医生们只有在学术会议上才能交流彼此的临床经验。为了满足医生们不断高涨的需求，从中华医学会到各地方医学会，学术交流越来越频繁，学术团体也不断增加。

热衷学术交流

20 世纪 70 年代很少有整形方面的会议，即使有，参会的医生也就几十人。相反，到了80年代，几乎每年都有会议，有时一次参会的医生可达几百人。医生们都渴望在会议上获得更多新知识、新理念和新技术。高景恒也不放过任何一次交流的机会。

图7-1　参加辽宁省烧伤学组成员会议（第二排右七为高景恒）

　　在高景恒刚到辽宁省人民医院的1年多时间里，他就马不停蹄地参加了6次全国性和地区性的学术会议。高景恒去开会可不只是听听而已，他要把这么多年积累的经验交流出去。也正因为如此，他很快引起了同行的注意。

　　1985年5月，高景恒收到了黑龙江省人民医院整形外科曲录主任的来信。曲主任来信的主要目的是商谈联合举办东北三省整形外科交流会的问题。当时，黑龙江省医学会已经成立了整形外科分会，他们的学会也支持召开这样一次会议。那么辽宁省医学会能否支持呢？由于那时辽宁省医学会还没有成立整形外科分会，因此高景恒径直找到了当时的医学会领导。

高景恒向学会领导历陈了召开这样一次会议的重要性。他说："改革开放以后，整形外科在全国迅速地发展。辽宁是一个重工业大省，每年都有很多外伤患者需要治疗。同时，沈阳是有 500 万人口的东北最大城市，先天畸形的患者也不少。可是我们地方医院还没有设置整形外科，很多患者都到北京、上海就医，而我们的患者在异地就医困难重重。因此，需要通过会议促进东北地区整形外科的发展。"虽然最后会议没有开成，但学会领导却对整形外科的重要性有了深刻的认识，也对高景恒有了很深的印象。

学会领导甚至和高景恒探讨了在辽宁省医学会成立整形外科分会的可能性，而高景恒因为刚从遵义调到辽宁，并不是很熟悉辽宁。于是，他转而求助于原沈阳军区总医院的杨果凡教授。但杨教授在那段时间正忙于中华医学会整形外科分会的筹建，他负责东北地区委员的推荐。尽管高景恒在辽宁省人民医院还没有开展工作，他也不是科主任，甚至连职称也仅仅为主治医师，但杨教授知道高景恒已具有很高的学术水平，因此，高景恒被破例推荐为中华医学会整形外科分会第一届委员会的委员。要知道，那一届的全国委员都是全国整形外科界响当当的专家，绝大多数专家都是各个地区整形外科的创始人。

分会的主任委员是宋儒耀教授，他是我国整形外科的奠基人之一。副主任委员为王大枚教授、汪良能教授和张涤生教授，他们分别是北京大学第三医院形成外科、西京医院整形外科和上海九院整复外科的创始人。张涤生教授还是我国整形外科界唯一的一名院士，以"中国皮瓣"扬名世界的杨果凡教授也仅仅是7名常委之一。可想而知，这一届整形外科分会的团队是多么强大，而高景恒也非常荣幸地成为其中一员。

1985年9月11日，中华医学会整形外科分会第一届委员会在北京召开。时任卫生部部长的崔月犁亲自到会讲话，他热烈地祝贺整形外科分会的成立，也对我国整形外科事业的发展寄予了希望。

9月18日，高景恒回到沈阳，立即向辽宁省人民医院的领导汇报了参加中华医学会整形外科分会成立大会的情况，旨在敦促辽宁省人民医院领导重视医院整形外科的发展。

参与创建辽宁省整形外科分会

高景恒不忘辽宁省医学会领导的嘱托，和杨果凡教授筹划成立辽宁省医学会整形外科分会。当时辽宁省虽然没有几家医院设立整形外科，但很多医生都在各自的岗位上开展了一些整形外科的工作。徐振宽教授从遵义医学院回到大连医学院附属第二医院创建整形外科，中国医科大学附属第一医院任继尧、兰行简教授，原中国人民解放军第205医院蔡宝仁教授，沈阳医学院附属中心医院蔡林方教授等都做了很多整形外科的工作。

杨果凡教授作为总指挥，由高景恒和陈宝驹教授负责联系全省各医院热爱整形外科事业的医生，共同组建了辽宁省医学会整形外科分会。

1988 年夏天，在辽宁西部的海滨城市兴城召开了辽宁省首届整形外科学术交流会。在这次会议上，辽宁省医学会整形外科分会正式成立。杨果凡教授当选为首届主任委员，高景恒与任继尧教授、徐振宽教授、陈宝驹教授、蔡宝仁教授、蔡林方教授一道当选为副主任委员。

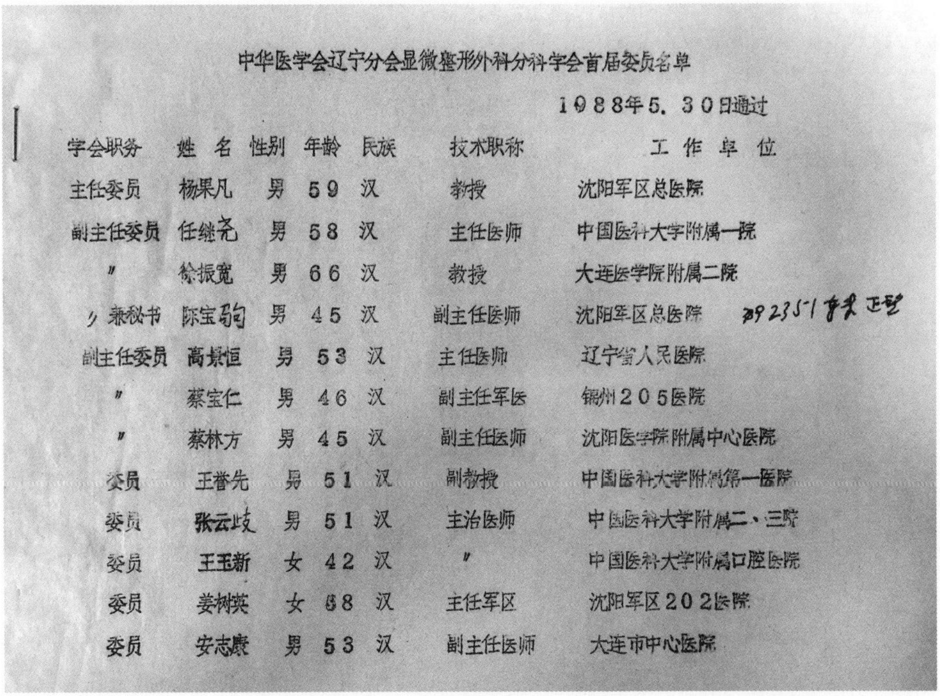

中华医学会辽宁分会显微整形外科分科学会首届委员名单

1988年5.30日通过

学会职务	姓 名	性别	年龄	民族	技术职称	工 作 单 位
主任委员	杨果凡	男	59	汉	教授	沈阳军区总医院
副主任委员	任继尧	男	58	汉	主任医师	中国医科大学附属一院
〃	徐振宽	男	66	汉	教授	大连医学院附属二院
〃 兼秘书	陈宝驹	男	45	汉	副主任医师	沈阳军区总医院
副主任委员	高景恒	男	53	汉	主任医师	辽宁省人民医院
〃	蔡宝仁	男	46	汉	副主任军医	锦州205医院
〃	蔡林方	男	45	汉	副主任医师	沈阳医学院附属中心医院
委员	王誉先	男	51	汉	副教授	中国医科大学附属第一医院
委员	张云岐	男	51	汉	主治医师	中国医科大学附属二、三院
委员	王玉新	女	42	汉	〃	中国医科大学附属口腔医院
委员	姜树英	女	68	汉	主任军区	沈阳军区202医院
委员	安志康	男	53	汉	副主任医师	大连市中心医院

图 7-2　辽宁省医学会首届整形外科分会主委、副主委名单

辽宁省医学会整形外科分会成立以后，辽宁各地的教学医院和中心医院陆续开展了整形外科工作，一大批在省内外有影响的医生崭露头角，很多整形外科的工作享誉全国，如辽宁省人民医院的膀胱外翻修复、中国医科大学附属第一医院的利用涎腺移植重建泪腺、沈阳医学院附属中心医院的断指再植以及大连市中心医院的断肢异位寄养等。

1997 年，杨果凡教授因病去世。高景恒也因在辽宁省人民医院出色的工作得到了省内同道的认可，继杨果凡教授之后，高景恒成为辽宁省医学会整形外科分会的第二任掌门人。

提出修复重建外科新理念

人类历史进入 20 世纪中期以后，医学模式发生了很大改变。既往的医学模式只注重对疾病的切除，却不顾及切除作为破坏手段而带来的毁形，以及其对个体心理的影响。而现代医学模式对外科疾病的治疗要求是不仅要治好疾病，还要修复组织结构、重建功能，并最大限度地改善外形。

据王炜教授回忆，那段时间各地请他会诊除了整形外科，还有胸外科、脑外科、骨科、普外科以及妇产科等。他们都想获得在组织修复和功能重建方面的帮助。所以他就思考，这个现象意味着什么呢？与王炜教授有相同感受的高景恒在那段时间也经常到沈阳的各大医院及骨科医院、肿瘤医院会诊。这可能意味着在上述这些学科之外将有一个新的学科诞生，这个学科不是普外科、整形外科以及显微外科等任何一个传统学科所能涵盖的，它的主要任务是修复重建，因此用修复重建外科去定义它更为合适。

时光再回到 1986 年，王炜、杨志明、高景恒等一批中青年学者分别提出了"修复重建外科"的概念。杨志明是华西医科大学的骨科教授，他对修复重建的工作很感兴趣。由于在杂志上经常看到高景恒发表的文章，因而有意联合高景恒创办一本修复重建方面的杂志。在一次会议上，杨志明教授慕名找到高景恒，提出了自己的想法，这一想法得到了高景恒的积极响应。

同年 5 月，手外科专家王树寰在青岛举办第 5 次手外科会议筹备会。会上，杨志明、高景恒二人到王炜的房间看望老朋友，3 人不约而同地讨论起了未来外科发展的方向。他们都认为，显微外科学会（1984）成立了，手外科学组（1984）成立了，整形外科学会（1985）也成立了，但这 3 个学科都不能代表外科发展的未来。在这 3 个学会以外，还有一个概念需要研讨，因此他们提出了修复重建外科的概念。王炜当时建议成立一个学会，但考虑到时机尚不成熟，因此 3 人讨论后认为可以先成立一个修复重建外科研究会。

图 7-3　修复重建外科"三剑客"（左起高景恒，王炜，杨志明）（1994）

之后，王炜撰写了一封修复重建外科研究会的倡议书，由高景恒、杨志明负责联络全国各地普外科、骨科、肿瘤外科、显微外科、手外科、小儿外科、颌面外科甚至是解剖和组织胚胎方面的专家。但是一个新兴的学科总要找一个老专家做领头人，于是王炜想到了自己的老师张涤生教授。

1987年2月，在上海第二医科大学，由王炜教授主持召开了筹备会。参加会议的专家包括张涤生、高学书、于仲嘉、郭恩覃、黄硕林、杨志明、高景恒等。会上决定向全国同道发出倡议书，另外由杨志明负责召开一次全国性的学术会议，倡议创办《中国修复重建外科杂志》，同时成立修复重建外科研究会。这一倡议得到了全国各地的专家、学者和医生的支持，共有300多位教授向有关部门要求成立修复重建外科研究会。1987年年底，他们在华西医科大学出版了《中国修复重建外科杂志》的创刊号。在创办这本杂志的过程中，专家们达成了一个共识，即外科治疗模式的转变。

1988年5月，第一届修复重建外科学术交流会在四川的峨眉山召开，会议在全国外科学术界产生了巨大影响。然而，这样的一个研究会总要挂靠一个正规的学术组织，于是，研究会责成北京大学第三医院的夏兆冀教授负责与康复医学会联系相关事宜。1990年4月，经过多方努力，中国康复医学会批准将修复重建外科研究会更名为中国康复医学会修复重建外科专业委员会，并在武汉召开第二届全国学术交流会。

风雨三十载，如今的中国修复重建外科专业委员会，从单一的学会发展成了下设21个专业学组，专业广泛、门类齐全，在国内有较大影响的专业学会。它极大地推动了骨科、整形外科、手外科、创伤外科、颌面外科等学科的发展，也为修复重建领域的同仁搭建了一个高水平的平台，使得国内外修复重建外科相关的新知识、新理论、新进展在国内得到了及时的传播与应用。

2018 年 8 月，在沈阳召开的修复重建外科委员会成立 30 周年纪念大会上，高景恒，作为中国修复重建外科委员会的创始人之一，因其对我国修复重建外科事业做出的巨大贡献，获得了中国康复医学会修复重建外科委员会颁发的终身成就奖。

见证医学美学与美容学的兴起

在参与创建中国修复重建外科专业委员会的同时，高景恒还参与了另外一个学术团体——中华医学会医学美学与美容学分会的创建。

医学美学和医学美容学是医学与美学的交叉学科。20 世纪 80 年代初，我国学者胡长鑫、赵登蔚等就对医学和美学的关系进行了初步探讨。邱琳枝和彭庆星也于 1988 年 6 月出版了《医学美学》一书，该书揭示了医学领域中的美学基础理论，分别从内科、外科、五官科、口腔科、整形外科等多个医学学科中涵盖的医学整体领域的美与审美的理论进行了探讨。在此历史背景下，涌现出了一大批以人体美学为主要研究内容的医学美学学者。这些学者有些专门研究医学美学理论，有些是从事美容临床的一线医生。他们纷纷发表文章，提出了维护、修复和塑造现实生活中健康的、具有生命活力的人体之美的学科目标和任务，从而引导和催生了医学领域中相继出现的一系列美容技术手段顺理成章的重组，形成了一个整体性的新型医学学科——美容医学。在美容医学整体学科的前提下，产生了美容外科学、美容皮肤科学、美容牙科学、美容中医学等主要临床分支学科。高景恒也正是在那段时期积极开展美容外科而成为美容医学奠基的一分子。他积极参与中华医学会医学美学与美容学分会的筹备和成立，并为其发展出谋划策。高景恒一直坚持学术领先，不断给分会提供最新、最好的新技术、新产品和新的美容外科理念，也因此被推选为中华医学会医学美学与美容学分会第一届常委（1990—1995）、第二届（1995—1999）、第三届（1999—2004）副主任委员，成为中华医学会医学美学与美容学分会核心组成学科——美容外科当之无愧的领军人物。

1990 年 11 月，中华医学会医学美学与美容学分会在武汉成立。在这次会议上，高景恒作为美容外科的主要代表，做了大会主旨发言。他结合我国美容外科的发展现状，重点阐述了除皱术和减肥手术的进展。他还结合这两种术式的特点特别强调了手术的安全问题，他说，除皱术和减肥吸脂术在我国已经比较普遍，但令人担忧的是，除皱术已有面瘫现象发生，而减肥手术也出现了死亡的报道。因此，非常有必要加强这方面的研究和总结失败教训特别是死亡原因的总结。其实，高景恒在美容医学建立当初就为美容外科敲响了警钟。可以说，这样的忠告在 30 多年后的今天仍有警示作用。

在武汉会议报到的当天，高景恒还遇到了我国医学美学领域的另一位领军人物彭庆星教授。尽管两人一个引领的是美容外科实践，而另一个则侧重美学理论研究，但这丝毫都不影响他们在学术上的碰撞。此后30多年的相互交流、相互支持和相互配合，演绎了一个配合默契的完美组合的医美传奇。两人的合作也映射出医学美学这门学科是医学和美学相互交叉的学科特色。他们的合作，也为两人在创建中国医师协会美容与整形医师分会的再一次合作埋下了伏笔。

图7-4　医学美学领域里的完美组合：高景恒、彭庆星（1998）

为美容与整形医师建一个温暖的"家"

2000—2002年间，高景恒在深圳成立的中华医学会医学美学与美容学分会高级美容医师培训基地的30多期授课过程中，深刻地感受到中国美容与整形医师特别需要一个温暖的"家"，它不仅能满足他们专业知识和技术的需求，更多地在他们的工作和创业中提供帮助，为了落实"服务、协调、自律、维权、监督、管理"六大任务，他与曹孟君提议成立"中国医师协会美容与整形医师分会"，很快得到了中国医师协会的首肯与支持，分会于 2003 年 10 月 31 日在上海宣布成立。由于临床、科研以及《中国美容整形外科杂志》主编工作太过繁忙，高景恒便主动让贤，建议由彭庆星教授担任分会的主委，而他自己则作为副主委。由此高景恒又在医师分会这个大家庭里，为中国的美容整形医师服务了 10 个年头。

图 7-5　美容与整形医师协会成立大会上，杨静副会长向高景恒授副会长证书（2003）

在我国，医学界存在两种形式的社会团体——学会和协会。学会是由研究某一学科领域的医务工作者自愿结成的学术团体，是以医生、护士为主体的学术共同体；协会是为促进某种共同事业发展而组成的群众团体。两者最大的区别是，学会是学术性、专业性的社会组织，是围绕着服务科技工作者、科技创新定位的，而协会更注重于对团体和个人的服务、协调、自律、维权、监督和管理。可想而知，学会的领军人物需要有一定的学术地位，而协会的领导则更加关注行业的发展。

在我国整形美容各级学会、协会创建的初期，参与建立学会或协会的专家、学者大有人在，而同时参与学会和协会创建的医生却并不多见。高景恒以其极高的学术地位和旺盛的工作热情而成为国家和省级学会和协会的创始人之一。

我们无从估量高景恒为了整形美容外科专业的发展奉献了多少时间和精力，仅从高景恒一次病重苏醒后问的第一句话是开会的时间和航班的时间，就能够感受到学会的交流和协会的发展在他的心目中有多重要。我们庆幸，在我国整形美容专业发展的过程中有这样一个学者、专家引领着学科的发展。正是高景恒以及一批有识之士引领我们的事业从幼稚走向成熟，从一个小专业发展成令人向往的大学科，从一棵"幼苗"成长为服务广大求美者的"参天大树"，我们才有了今天整形美容发展的大好局面！

（尹卫民，张　晨）

8　国际交流

对外开放开启中外交流

20 世纪 80 年代初，改革开放的春风吹暖了中国大地，各行各业的对外开放极大地加强了国内外的交流。1981 年 4 月，宋儒耀教授率先邀请美国整形外科医生来到中国医学科学院整形外科医院进行学术交流。之后，宋教授又安排他们去上海和西安进行访问。1942—1948 年间，宋教授曾在美国宾夕法尼亚大学随 Robert H. Ivy 医生学习整形外科，在那段时间结识了很多美国整形外科医生。

通过这次访问，美国同道了解了北京、上海和西安三地整形医生所做的工作，特别是Ⅲ度大面积烧伤抢救和前臂皮瓣的应用给他们留下了深刻的印象。他们和宋教授约定要在中国召开一次国际性的整形外科大会，给中国和世界各国整形医生一个相互了解的机会。

1984 年 6 月，在宋儒耀教授的主持下，在北京召开了国际整形外科学术会议。参加这次会议的有来自美国、日本、英国、法国、西德、巴西等 22 个国家和地区的代表 370 多人，国内外很多最著名的专家学者都参加了会议。

在这次会议上，很多日本专家对前臂皮瓣非常感兴趣。由于发现和首先使用前臂皮瓣的杨果凡教授非凡的人格魅力和日语交流能力，他很快就成为很多日本医生的朋友。在他们接触的过程中，双方都表达了进一步交流的愿望。1987 年，杨果凡教授等老一辈专家与日本的鬼塚卓弥教授等专家联合在西安召开了第一届"中日整形外科交流大会"（以下简称中日会，这也是业内人士对这一会议的别称）。这项会议最终经有关部门批准成为正式的国际会议，会议采取中日双方轮流主办的形式。

图 8-1　杨果凡教授既是高景恒的老师，也是他非常信任的同道和好朋友
（1995）

　　由于高景恒这时已在国内整形外科界崭露头角，在辽宁省人民医院也逐渐开展了整形外科工作，加之之前与杨果凡教授很好的工作关系使他的能力得到了杨果凡教授的认可。因此，高景恒全程参与了中日会的策划和筹备工作。在2000年之前，高景恒几乎参加了所有的中日会。无论会议在中方举行还是在日方举行，高景恒都是会议主要的主持人和座长。

　　就这样，第一届中日会在西安（1988）、第二届在日本长崎（1989）、第三届在中国上海（1991）、第四届在日本金泽（1993），在两国老一辈整形外科专家汪良能、难波雄哉、郭恩覃及塚田贞夫的主持下，一届一届地走了过来。第五届中日会来到了会议的创办者杨果凡教授所在的城市——沈阳。

图8-2　1993年参加中日会的中国代表团成员（日本金泽）

　　1994年9月，是沈阳一年当中最好的季节，秋高气爽、风轻云淡。第五届中日整形外科学术交流会在沈阳召开。这次会议由原沈阳军区总医院主办、人民军医出版社及辽宁省人民医院协办。高景恒作为大会的组织者之一，带领辽宁省人民医院整形外科在中方参会代表的召集、组稿及稿件摘要的中日文互译等方面做了大量工作。这次大会非常成功。会议收到论文310篇，参加会议代表184人，仅日方代表就有57人之多。

图 8-3　高景恒教授带领自己两个研究生王毅彪（左一）、申京浩（右一）为沈阳举办的第五届中日会做了大量工作（1994）

之后，中日会又在日本东京和中国广州举办了两届。转年后，会议将在日本盛冈举行。然而，就在这年的 5 月，中日会的倡导者、我国著名的整形外科专家、原沈阳军区总医院整形外科主任杨果凡教授因病不幸逝世。杨教授病重期间也曾和高景恒聊过未来中日会的事，希望高景恒能把这件事做下去。现在，中方的牵头人的担子落在了高景恒的肩上。

接力中日整形交流会

当年 10 月，中日会将在日本盛冈举行。当时出国开会的机会非常少，中日会是国内专家难得的到国外学习的机会，也是向他们展示我们国家风采的机会。高景恒是个做事认真的人，为了更好地完成这次任务，中方代表团成员在出发前被召集到大连，他们要在这里选出代表团的领导班子，还要讨论次年在我国开会的会址及主办方。

1997 年 10 月 24 日，尽管东北地区已是秋末冬初、略带寒意，但大连这个东北最南端的海滨城市依然暖意洋洋。位于美丽的星海广场旁的国航宾馆会议室里，聚集着许多国内顶级整形外科专家，包括辽宁省人民医院高景恒、上海九院王炜教授、西京医院鲁开化教授以及中国医学科学院整形外科医院戚可名教授、北京大学第三医院李健宁教授以及原沈阳军区总医院柳大烈教授等。这些专家都在以激动的心情期待着即将在日本盛冈举行的第八届中日整形外科交流会。

在出发前的预备会上，大家选出高景恒和王炜教授作为中方代表团的团长，鲁开化教授作为代表团的支部书记。之后高景恒发表了热情洋溢的讲话，他说："这次会议是在中日会的困难时期举行的，因杨果凡教授的逝世，中日双方缺少了一个共同的召集人。经过我们的努力，这次大会得以继续召开，因此我们必须把这次会议开好，同时也要把会议开下去。1998 年在中国，1999 年在日本，一棒一棒传下去。再有，希望我国的 51 名代表都能遵守外事纪律，按时回国。"

从高景恒的讲话中，我们能够感受到作为中日会的传承者，他所承受的巨大压力。

25 日、26 日两天，日本本州岛北方小城盛冈迎来一批从中国来的客人，他们就是前来参加第八届中日整形外科交流会的中方代表团成员。

图 8-4　1997 年高景恒在盛冈第八届中日会上主持会议

这届会议由日本岩手医科大学形成外科（日文形成外科相当于中文整形外科，日文的整形外科相当于中文的骨科）奈良卓教授主持召开，日本形成外科学界的知名专家塚田贞夫、鬼塚卓弥、难波雄哉、百束比古等都参加了会议。会议期间双方进行了高水平的学术交流，会议的内容广泛深入，讨论热烈。会后鬼塚卓弥评价这次会议的学术交流水平是史无前例的。会议还确定了未来两年承办单位——原第三军医大学和日本大阪近畿医科大学。

图 8-5　高景恒（左四）与参加盛冈中日会的部分代表合影（右一祁佐良、右二柳大烈、右三王志军、右五史灵芝、左一王毅彪、左二陶昕）（1997）

　　圆满地完成了杨果凡教授生前托付的任务，高景恒松了一口气。会议期间，高景恒结识了前来参会的程野医生。程医生来自辽宁省鞍山市，正在东京女子医科大学形成外科学习。由于都来自辽宁，他乡遇故知，因此大家都感觉非常亲切。高景恒还和程医生说了他想认识几个日本美容外科医生的想法。

酝酿中日美容外科交流会

　　原来，中日会的成功举办让高景恒想到了美容外科的交流。20世纪90年代末，随着美容外科在我国的不断发展，学术水平的进一步提高被提到了议事日程。尽管国内已经有了美容医学的交流平台，但中日会的成功给高景恒一个很大的启发，那就是可否举办类似形式的中日美容外科交流会呢?

然而，参加中日会的日方医生都是形成外科医生。尽管美容外科是形成外科的一部分，但在日本仍然存在门派之见。由于绝大多数日本美容外科医生都是个体医生，得不到形成外科医生的认可，因此无权参加中日会，两类医生也很难坐在一起开会交流。因此，在中日会上高景恒根本联系不到日本的美容外科医生。

程野医生说自己的老师若松信吾教授是东京女子医科大学副院长和形成外科教授，他不但做形成外科的手术，也做美容外科的手术，是日本少有的不带有门派之见的形成外科医生。因此建议高景恒可以见见若松教授。

于是，盛冈的中日会后，高景恒随程野医生去了东京。高景恒去东京有两个目的，一是去见若松教授，二是还可顺路去看看自己的学生李衍江。后者彼时正在东京医科齿科大学攻读博士学位。

10月下旬的日本本州岛已进入了秋天，气温不是很热，还是赏枫的最佳季节。但高景恒根本无暇去看那些美丽的风景。高景恒说，我们乘汽车由盛冈去仙台，路上不是可以欣赏一下日本的风光吗?汽车早上八点半由盛冈出发，在汽车上，高景恒沐浴着透过车窗的阳光，欣赏着路上的风景。盛冈中日会的成功让高景恒心情大好，况且在东京还可以见到学院派的美容外科医生。高景恒一直酝酿着把美容外科的内容作为交流的一个重点，这也是杨果凡教授生前的愿望。可是由于日方的教授不接受美容外科而一直没有实现。

160千米的车程跑了3个小时，中午时分到了仙台。仙台位于东京以北300千米，是拥有100万人口的日本东北地区政治、经济中心。流经市区中心部的广濑川和绿茵茵的榉树道等美丽景观，将城区与大自然融合一体。特别是市区中心的街道树、公园等绿色植被繁多，又被人们爱称为"杜都（树林城的意思）"，仙台医专曾是鲁迅先生学医的地方。可高景恒根本没有逗留仙台的计划，简单用过午餐后，便乘新干线赶往东京。

高景恒的学生李衍江已早早等候在东京站外，这已是他来日本的第7个年头了，见到高景恒有如见到了自己的亲人。他利用当天仅有的一点时间领着高景恒到上野和浅草转了转，晚上下榻在了偶田宾馆。

在东京，高景恒的主要任务是见若松教授，而且这次会面收获很大。若松教授和高景恒一样，是一个有胸怀、爱做事的实干家，也是一个实事求是、做事认真的学者。两位教授在整形外科和美容外科的关系、在公立医院以及私人医院中的作用等很多方面都有共识。若松教授说，我的年纪大了，我愿意给高景恒介绍我的一个学生南云吉泽医生。

南云医生毕业于东京慈惠会医科大学，是日本非常有名的乳房美容外科专家，他在日本开设了乳腺外科和美容整形结合为一体、专门解决乳房所有问题的专业医疗中心。他不仅有高超的乳房美容整形技术，还热衷于学术交流。南云医生曾在东京女子医科大学随若松教授学习形成外科，后又被若松教授聘为东京女子医科大学的非常勤（兼职）讲师，因此师徒二人关系很好。见面时南云医生和高景恒谈得很投机，二人成了忘年交，也为后来中日之间的美容外科交流开了一个好头。

高景恒回国后，很快利用一些美容外科培训班的机会邀请南云医生和若松教授来我国讲学，同时探讨中日之间美容外科的学术交流问题。

1998 年 11 月，高景恒邀请南云吉泽医生来辽宁省人民医院做隆胸手术示教。期间他们再次谈起中日美容外科学术交流会的想法，这次他们决定将学术交流会落实到具体的时间和地点。双方商定尽快再次见面，讨论中日美容外科交流会的相关事宜。

大连会谈

1999 年 1 月中旬，一个异常寒冷的上午，凛冽的海风吹得路人透不过气来。在大连付家庄附近的仲夏客舍的一个暖意融融的小会议室里，坐着几位中日两国的整形外科医生。日方一侧专家为若松信吾和南云吉泽；中方一侧为大连医科大学附属第三医院的秦宏智和自主创业的医疗美容医生葛俊卿，以及最重要的一位——本文的主角高景恒。

他们为筹备中日美容外科交流会而来，讨论会议的重要性和可行性。会议非常正式。据当时在场的秦宏智介绍，双方西装革履、风度翩翩，宛若正式谈判的外交官，分坐在谈判桌的两侧。程野医生担任翻译，高景恒还特别聘请一位书记员负责记录。

高景恒首先代表我国整形、美容和修复重建外科三大学会欢迎日方专家的到来。他简单介绍了中日整形外科学术交流会的历史，指出杨果凡教授在世时就有将中日美容学术交流做起来的愿望，非常遗憾的是他没有看到这一天。他强调，中国整形外科的三代医生都将美容外科看作是整形外科的一部分，而美容外科在改革开放以来有了很大的提高，因此迫切希望中外学术交流。但在中日会上由于有些教授的反对，杨果凡教授始终没能把美容外科纳入进来。盛冈会上有了一点美容外科的内容。高景恒说，他自己属于中国第三代整形医生，有责任把中日美容外科交流的愿望变成现实。

若松教授说，自己也属于日本第三代形成外科医生。前两代医生受美国人影响，不接受美容外科，所以在中日会上只能看到血管吻合和皮瓣的内容，可能让中方代表失望了。他进一步解释道，现在日本形成外科专家不愿意做美容外科主要是因为自费手术，而美容顾客要求高，稍有不慎医生就成被告了。因此，日本形成外科医生不愿意承担这个风险，也就不愿意做美容手术。没有手术经验，当然也就没什么可交流的。

若松教授接着说，他本人既做形成外科，也做美容外科。他也愿意和中国的医生交流，既欢迎中国的医生到日本去，也希望日本的医生有机会到中国来。他建议中日会多加一些美容外科的内容，他也愿意为中日美容外科的交流做些事。

南云医生补充道，日本的美容外科分两部分，一部分是学院派，偶尔做美容，但善于交流；另一部分属于民营个体人员，手术做得很多，做得也很漂亮，但不善于交流。做形成外科的学院派和做个体的美容外科医生互相看不起，导致双方不能坐在一起。

　　高景恒说，在中国不存在对个体瞧不起的现象，美容外科在中国不会被歧视。中方认为美容外科是一门学科，要按学科发展来看待。有些人把美容当成赚钱的手段，这是一种偏见。我国的美容外科发展不平衡，队伍庞大，但很多医生低能，只顾赚钱，不注意提高技术。因此，临床上会出现很多恶性并发症。队伍需要改造、需要提高，就要加强交流。

　　南云医生回应道，日本也存在类似的现象，经济上很成功，技术上却不提高。基于这种情况，交流是非常必要的。看来，在召开美容外科交流会上双方达成了共识。

　　双方接着讨论了在 1999 年中日会上增大美容外科内容比例的可行性。但日方认为，由于日方学院派和开业医生矛盾很深，特别是一些老教授，与美容医生坐在一起感到难为情，因此开会时一方参加，另一方就不来了。为此，高景恒提出另行召开中日美容外科交流会的形式。会议的日方代表由若松和南云推荐，由中方发出邀请，这样在会议上就不会出现尴尬的局面。经过商定，首届交流会选在中国的大连、上海或北京，时间暂定在 1999 年 7 月下旬。

　　但因为时间仓促，于 1999 年 6 月在大连医科大学附属第二医院尝试性地召开了一次小型的中日美容外科交流会。在这次会上，南云医生又请来了其他日本专家。高景恒再次与南云等日本医生探讨了召开中日美容外科交流会的可能性。

　　双方开始紧锣密鼓地策划会议的日期、地点以及参会专家。高景恒建议第一届会议地址选在中国大连，会议时间可以定在2001 年的 5 月或 9 月。这两个时间段的大连不是旅游旺季，可以节约开会的成本。经过反复的书信往来和讨论，最终高景恒在 7 月末给日方的信中确定，会议日期为 2001 年 6 月初，中方、日方各组成一个 10 ~ 12 人的学术委员会。日方专家自行支付注册费、往返交通费以及住宿费。

史无前例的盛会

2001 年 6 月 8—11 日，首届中日美容外科学术交流会在美丽的海滨城市大连召开，会议规模是空前的。最为引人瞩目的是国内外著名整形专家、中国整形外科开创元老宋儒耀和张涤生两位老教授，他们不顾年事已高、不辞疲劳、兴致勃勃欣然应邀前来参加会议，为会议增添了几分荣耀。几代学者同聚一堂，共叙学术发展。会议全面检阅了改革开放以来我国美容外科取得的各项成果，特别是对硅凝胶乳房假体的肯定以及自体脂肪注射推广等预示着两项技术在未来20年的进步和发展。日本专家也带来了植发等最先进的技术和理念。会议之成功，正如王志军教授在会议总结中写的那样，这是美容外科专业的一次国际学术盛会，是中日专家友谊的盛会，也是一次中国美容外科历史性盛会。会上中日两国专家就下一年在日本召开第二届日中美容外科学术交流会问题进行了座谈讨论，初步确定2002 年在日本东京召开第二届日中美容外科学术交流会。

会后，日本美容外科学会会长致函高景恒："恭喜第一届中日大会圆满成功，这是你的个人魅力与长期积累的学术成果而使然。在大连会议期间我对中国美容外科医生所表现出来的热情与进步感到惊讶，我要让全世界的医生都知道这一重大进展。"

2002年秋，第二届日中美容外科学术交流会如期举行。这次，韩国的专家也应邀参加，因而会议改名为中日韩整形外科会议。中国学术代表团一行近30人前往参会，由上海第九人民医院王炜教授任团长，高景恒任副团长，代表团中还有来自民营医疗美容机构的专家学者，包括深圳的曹孟君教授、北京的战长蔚博士、南京的王志军教授、上海的董帆教授、陕西的高秀梅院长和金宝玉等多人。高景恒特别关心民营医疗美容机构的医生，通过与大会主办方的协调，安排深圳富华医疗美容医院的曹孟君教授代表中国医生做了大会报告。据金宝玉回忆，当时由战长蔚博士担任了日语翻译。战博士是日本京都大学的医学博士，其纯正精确的日语翻译，为我国参会代表提供

图8-6　首届中日美容外科学术交流会在高景恒的努力下在大连召开（左起梅泽文彦、高景恒、张涤生、宋儒耀、彭庆星）（2001）

了很大帮助。会议期间，高景恒和曹孟君两位教授与参会的韩国整形美容协会朴万龙会长、日本美容外科协会梅泽文彦会长达成共识，为了进一步促进国际交流，应当积极筹备召开中日韩美容整形外科大会，日文与英文翻译由战长蔚博士担任。在会议组织的晚宴上，当印度美容协会 Vijay Sharma 会长、越南美容整形协会 Nguyen Xuan 会长以及中国香港代表岑国仁教授等得知他们有意向举办中日韩美容整形外科学术会议时，也纷纷要求参加。因此，会议名称拟定为东方美容医师大会，这也是由东南亚各国参与的民间美容整形组织的前身。

聚焦东方人美容

会议结束回国后，高景恒便积极投身于该组织的筹备之中，在高景恒领导下的《中国美容整形外科杂志》编辑部的同志们，以杂志外籍编委为桥梁，开展了高效的沟通与联系工作，最终定于 2003 年 11 月在中国上海召开第一届东方美容外科医师大会。在会议筹备的过程中，从邀请国外学者参会，到邀约、组稿、审稿，再到大会交流报告的时间安排，乃至论文的汇编、印刷等环节，高景恒都亲力亲为，带领会务团队做出了巨大的贡献。尤其需要说明的是，在此次会议上，高景恒为中国民营医疗机构争取了很多的交流机会，在新技术和新材料的应用上更是抱着支持与宽容的态度，无处不显示了高景恒的良苦用心。

2003 年 11 月 2 日，第一届东方美容医师大会在中国上海世博会议大酒店胜利召开，大会名誉主席由中国医师协会第一任会长殷大奎，中国工程院院士、上海交通大学医学院附属第九人民医院张涤生院士，以及新加坡美容协会会长邱武才教授共同担任，大会主席由中国医师协会常务副会长杨镜担任，大会执行主席由高景恒和曹孟君教授担任，同时担任大会副主席的有中方王炜教授、彭庆星教授、鲁开化教授、曹谊林教授、日本成形外科学会会长梅泽文彦教授、韩国美容外科学会会长朴万龙教授、印度美容外科学会会长 Vijay Sharma 教授、越南美容外科学会会长 Nguyen Xuan 教授，以及中国香港代表岑国仁教授。大会收到论文 209 篇，大会报告 50 篇。此时美容外科在民营机构已经有了一定的基础，为了增加民营机构的交流机会，在高景恒等的关心下，在有限的会议日程中，首次为民营医疗机构的医生安排了大会报告交流。

会议期间高景恒日理万机，他的房间仿佛就是整个会务组的指挥部，高景恒的夫人也在，她被大家亲切地称为王姨，她也是忙前忙后、没有歇脚之时。

此外，我国美容整形医师还与中国台湾美容整形学会的郝志华会长建立了友好交往关系，郝志华会长详细介绍了台湾美容整形协会的建设与发展，并以"东方人面部美容的策略"为题发表了大会演讲，增进了两岸同胞对审美概念的理解，为日后大陆医生前往中国台湾进行学术交流奠定了基础（如今的海峡两岸美容协会）。韩国专家郑东学、HU Mood 等针对短鼻矫正和矫正驼峰鼻以及鼻尖美容等带来了韩式鼻综合的概念，印度专家 Vijay 介绍了美容外科在印度的进展，欧洲美容外科学会主席、德国的 Ziya Saylan 介绍了欧洲开展小切口除皱的经验。

值得一提的是，因为这是一次国际会议，参会的外国讲者比较多，所以大会的官方语言为英语。然而，有些参会医生的外语水平有限，因此在高景恒的倡议下，这次会议启用了同声传译，这在国内美容会议尚属首次。大会由上海九院刘伟、北京的战长蔚以及辽宁省人民医院的张晨全程负责讲者的翻译工作，以此弥合了讲者与听众之间的语言障碍，为会议的成功举行增添了一抹靓丽的色彩。

那段时间，高景恒思为会议思、想为会议想，每天工作近20个小时，会场处处可见他忙碌而疲惫的身影。高景恒已经是一位年近70岁的老人，大家都劝他多休息一下，可是每次高景恒都会笑着说："没事的，忙完这两天就好了。"

牵线搭桥

高景恒还非常关心我国台湾地区整形美容外科的发展。他曾在中国医科大学图书馆查阅文献时看到了中国台湾的整形外科杂志，他仔细摘抄了台湾地区整形外科的一些亮点。回到科室对弟子们说，台湾地区的杂志有部分文章采用英文，这样可以扩大它的影响力。我们的杂志也要学习别人的优点，同时有机会也要加强和台湾地区的交流。

2001年3月末，高景恒应邀到台北参加国际整形再造美容外科学会亚太地区第八届学术研讨会。以此为契机，与台湾同道洽谈两岸整形美容外科学术交流事宜。高景恒认为，两岸学术交流已是大势所趋。为此，他会见了台湾地区整形外科学会理事长、长庚纪念医院烧伤科主任杨瑞元教授和学会第五任理事长、长庚医院北区院长陈昱瑞，以及其他几位前任理事长林秋华、林幸道、邱浩远等。但因对方对大陆整形外科了解不多以及其他因素而没有落实两岸整形交流问题。

在对外学术交流上，高景恒可谓不遗余力。他愿意通过任何渠道、任何平台将国际上有影响力的医生请到中国来，以此开拓我国医生的眼界、提高我国医生的水平、缩小国内外医生的差距。为此，他利用2002年大连召开的第10届中国修复重建外科年会，邀请美国威斯康星大学Michael Bentz介绍了国际小儿整形外科的进展。2008年在沈阳召开中国美容与整形医师大会上邀请日本的吉村浩太郎介绍了CAL技术以及脂肪干细胞的应用进展。

每一次国际交流，高景恒都能推介一个新的理念、交下一位新的朋友、扩大一分我国整形外科的影响，而他的人格魅力和学术思想也随着国际友人带到了世界各地。在我国，正是在高景恒这样一批热衷于国际学术交流的学者推动和影响下，一批批国外的专家来到我国传经送宝，一大批年轻的整形外科学者走向世界。正是在高景恒等学者的影响和示范下，才有了我国整形外科国内外交流的大好局面。我们相信未来会有更多、更好的专家学者出现，但我们不能忘记，曾经有高景恒那样的一批学者，在极其艰苦的条件下，以满腔的热忱克服重重困难，开启了我国整形美容外科对外学术交流的大门！

（金宝玉，张　晨）

9 潜精研思

整形外科的兴起

1982 年 5 月，上海。来自全国 219 名烧伤、整形专家齐聚这里，参加中国烧伤整形外科第一次学术盛会——中华医学会全国第一届烧伤、整形学术会议。

我国整形外科作为一门学科始于 20 世纪 40 年代末期。50 年代初，抗美援朝的伤员救治锻炼了一大批整形外科医生。抗美援朝结束后，少数医学院成立整形外科，设置专科病床，收治各种类型的整形外科患者。多数医院为烧伤整形科，收治以烧伤早晚期畸形为主的各类整形患者。

有两个经典的例证，一个是宋儒耀教授于 1951 年率领西南整形外科医疗队参加抗美援朝，出色地治疗了大批烧伤和炸伤伤员，在中国战伤史上开启了"整形外科"的一页。他于 1957 年创建了当今世界上规模最大的整形外科专科医院；另外一个是张涤生教授，1950 年冬，张涤生参加了上海市第一批抗美援朝医疗手术队，任副大队长一职。由于战争的残酷和地理环境的险恶，烧伤和冻伤战士甚多，在张涤生的建议和努力下成立了一个烧伤整形中心，总部设在长春，这是中国第一个烧伤整形组织。

1958年，上海广慈医院（今上海交通大学医学院附属瑞金医院）成功抢救了一名大面积烧伤的钢铁工人邱财康。在抢救过程中，外科医生积累了丰富的治疗大面积烧伤的经验和知识，在抗休克、抗感染和创面处理方面逐渐建立了一整套适合当时中国国情的治疗措施，烧伤治愈率明显提高。与此同时，烧伤事故频发，也间接推动了中国整形外科学的发展，因为不仅烧伤早期需要利用整形外科医生的植皮术来覆盖创面、避免感染，烧伤后期的瘢痕也需要整形外科技术的治疗。张涤生正是借此机会，于1961年在广慈医院成立了整形外科。1966年该科室迁至上海第九人民医院（今上海交通大学附属第九人民医院），更名为整复外科。

然而，即便如此，整形在外科大家庭中仍然属于被边缘化的学科。整形外科没有属于自己的"器官"，虽然它处理的畸形从头到脚，但是没有自己的"地盘"，因此在很多医院可有可无。在中华医学会这样的官方学术组织中，仍然没有整形外科的专科分会，甚至也没有相关的学组，更不用说开一个专门的大会了。

1963年，陈中伟和他的同事在上海第六人民医院为完全切断右手的工人王存柏成功实施了世界首例断手再植术。这一手术惊动了全世界。1966年，杨东岳完成了游离足趾移植再造拇指手术，之后做的4例均告成功，亦为世界首创。此后，他在20世纪70年代初完成了腹股沟皮瓣移植手术。70年代末、80年代初，杨果凡教授完成了前臂皮瓣游离移植术，被国外同行誉为"中国皮瓣"。此外，朱洪荫编著的《整形外科概论》、宋儒耀编著的《唇裂与腭裂的修复》和《手部创伤的整形外科治疗》、孔繁祐编著的《实用成形外科手术学》、张涤生主编的《整复外科学》以及汪良能等主编的《整形外科学》等陆续出版，为整形外科的普及与提高做出了很大贡献。

这些整形外科领域影响巨大的进展，为烧伤整形在外科大家族里赢得了一席之地，奠定了良好的基础。为了加快专业发展与学术交流，中华医学会同意我国整形外科与烧伤专业于1982年正式成立专业组，并拟于同期独立召开首届学术会议。

初次登台

为了迎接这次学术会议的召开，高景恒所在的遵义医学院外科教研室烧伤整复组特意编辑了一本论文集。在这本论文集中，共收录了科室在20世纪70年代发表的论文26篇，其中高景恒的论文就有18篇。

论文集的第一篇文章就是高景恒的《第二脚趾游离移植再造小儿拇指远期观察》，这篇论文在大会上被用来交流。20世纪70年代正值显微外科发展得如火如荼的时期，利用第二脚趾游离移植再造成人拇指手术在国内外都有报道，但对小儿实施这种手术的案例十分罕见。人们普遍担心再造手指的形状与大小是否能随着年龄的增长而增长。小儿的血管口径较小，在当时的技术条件下为移植带来一定难度。再有，小儿术后的依从性不如成年人，也是手术的不利条件之一。高景恒一一解决了上述难题，用这种脚趾头搬家的方法成功为一个 8 岁男孩再造了拇指。须知拇指缺失不仅严重影响手部的外观形态，更主要的是缺失了手部的一半功能。再造一个拇指，等同于再造了半个手，也再造了这个孩子的生活。高景恒的这个经验填补了国际上在该领域里的空白。中国显微外科之父陈中伟教授当年对此项成果的评价是国际首例，这个案例也因此作为我国整形外科的一项突破性案例入选了当时用于国际交流的整形外科论文集。

高景恒的另外一篇论文《保留翼钩和腭腱膜的腭裂修复技术》也获得了大会发言的机会。腭裂是那个年代较常见的严重先天畸形，它严重地影响了患儿颌面发育和发音。常用的修复方法是使用腭部的黏软骨膜瓣关闭腭部裂隙，同时重建腭咽闭合环。以往的方法是在术中凿断翼钩、剪断腭腱膜，延长瓣的长度以便实现解剖复位和恢复正常生理功能。然而高景恒通过观察发现，这个方法不能完全实现上述目的。因此，高景恒大胆地开展了保留翼钩和腭腱膜的腭裂修复技术工作，在临床上取得了非常满意的效果。这个术式减少了术中损伤和出血，术后患者的发音得以改善。在会上，高景恒的这篇文章得到时任中国医学科学院整形外科医院院长宋儒耀教授的肯定和好评。

源自临床的实验

手上拿着那本已经发黄的遵义医学院整形外科论文集，我们仿佛看到了高景恒在病房忙碌的身影。而高景恒的 18 篇论文，也正是他在那段时间工作的真实写照，有临床，也有实验。所有的工作无不反映那个时代最先进的技术。

组织移植是整形外科重要的修复手段，而皮瓣移植又是整形外科领域最重要的方法。然而，皮瓣移植的关键问题是皮瓣的成活以及成活多少。因此，那个年代的医生会想尽一切办法保证皮瓣的存活以及扩大皮瓣存活的面积。

高景恒也在这方面做过很多尝试。他利用兔子作为实验对象，研究各种血管扩张药对皮瓣存活的影响。为了保证兔子能够健康地存活，他想尽办法为兔子增加营养。由于遵义医学院附属医院在学院的附近，家属区距离学院也不远，因此，高景恒经常在下班后去动物房观察兔子术后的变化。他发现罂粟碱可以增加皮瓣成活的面积，还发现大剂量的妥拉唑啉和酚妥拉明比小剂量增加皮瓣成活面积要大。因此，高景恒在切取皮瓣前 1 ~ 2 天和切取之后 5 ~ 7 天大剂量应用血管扩张药，从而获得较好的皮瓣成活率。

由于 20 世纪 70 年代末的科技手段有限，没有今天这么多的观察仪器，因此经常用皮温来观察皮瓣移植后皮瓣的血供情况。但高景恒通过临床观察发现，皮温不能真正反映皮瓣的血液循环状态，他也通过动物实验验证了他在临床上观察到的现象。

　　高景恒还做了骨髓腔代替静脉回流的骨移植实验。与常规骨移植不同，高景恒没有吻合静脉，而只吻合了动脉。结果发现，这种方法使骨痂形成更早、骨髓腔相通更快，这个实验是用犬做的，为了保证实验成功，高景恒经常吃住在实验室。谈及此事，高景恒的夫人王长菊老师抱怨道，那段时间高老师对犬比对家人都好，有的时候甚至抱着行李去实验室陪犬睡觉。

　　人不穷理，不可以学医；医不穷理，不可以用药。正是凭着这种严肃认真的科学态度、实事求是的学术作风以及任劳任怨的黄牛精神，高景恒修复了一个又一个求美者，救治了一个又一个患者，抢救了一个又一个生命。

治学严谨的医生

　　高景恒调到辽宁省人民医院初期，沿用遵义医学院的模式，在普通外科内成立了烧伤整形组。由于科室的医生都非常年轻，对严重烧伤的治疗缺乏经验。因此，高景恒经常告诉值班医生，遇到有严重烧伤的患者，应该如何处理创面、如何补液，还要注意有没有呼吸道烧伤。呼吸道烧伤多发生在锅炉爆炸时，气流中含有高温水蒸气或燃烧不全的颗粒，吸入肺后导致下呼吸道和肺泡烧伤。高景恒不止一次给科里的医生讲他遇到过的病例。一例严重烧伤患者，在闯过休克关和感染关之后，突然发生窒息，高景恒判断他为气管内结痂脱落并给予及时处理，使其免于死亡。因此，对严重烧伤的患者，一定不能忽略呼吸道。这个例子让整形外科的年轻医生都终生难忘。

另外，一个让科里医生难忘的是小儿补液。每当遇到唇裂、腭裂的患儿，术后，高景恒都手把手地教年轻医生如何计算补液量。第一个 10 千克补多少，第二个 10 千克补多少，遇有发热如何计算等。在实践中教，在实战中学。年轻医生学到的都是一辈子也忘不了的真本领。高景恒就是这么学的，也是这么教的。

高景恒在临床工作中从不放过任何与病情有关的蛛丝马迹，他也这样要求他的学生。他最不爱听有些医生说的一句话："没事、没事。"他常对科里医生说："我们工作的对象是人，不能总说没事、没事。没事要预防有事，才能不出事；老说没事，早晚要出事；只有防备有事，才能没事。"这种哲理性的语言，像警钟一样长鸣于高景恒学生的心中。

高景恒对自己要求也非常严格。他早上多在七点半以前到医院，每个病房、每个患者都要亲自查看。有些重要患者会在交班之前就给术区换药，他要了解每个皮瓣的血运情况，直到所有患者的病情稳定了，他才会回到办公室交班。值班医生和护士都非常认真地交班，因为他们知道，高景恒比他们了解得还多，所以必须认真汇报每一个患者的情况。高景恒另外一个习惯是下午四点半查房，风雨无阻。休息日也要利用半天到院查房。所有医生都知道，在这个时间以前要对患者深入地了解、妥善地处理。否则，会被高景恒毫不客气地批评一顿。

常在河边走，永远不湿鞋

熟悉高景恒的人都知道，他的治学非常严谨。平时看似笑容可掬的他，一旦谈到了患者，就立刻严肃起来。涉及患者的问题，无论对学生还是对自己，要求都非常严格。在这一点上，他的厉害在医院也是出了名的。

高景恒的学生都对他对手术铺巾的要求记忆犹新。那个时候，高景恒手术的一助都在患者进入手术室前就先去手术室做各种准备工作。患者进来之后，一旦准备工作完成，一助立刻去洗手、消毒、铺巾。他们知道老师对铺巾的要求几近苛刻，所以经常在老师的面前铺巾显得手忙脚乱。为了避免在众人面前被老师训斥，只好在他进来之前做好所有术前准备，只等老师进来开刀。直到今天，高景恒的很多学生已是院长、主任和教授了，但他们都仍然保留着手术时很早进入手术室的习惯。

高景恒对患者的术后管理也非常严格。20 世纪 80 年代末的一个早晨，夜班医生张晨像往常一样七点半来到病房，他想在高景恒查房前先看看患者，因为科里的医生都知道高景恒一般会在七点半到院查房。当他进入办公室时，一眼看到了高景恒在小黑板上密密麻麻写了很多内容。张晨至今仍记得，那正是批评他的。

原来，一个来自丹东的孩子白天做了手部烧伤瘢痕松解手术，张晨接班查房时孩子喊痛，给了一些止痛药后仍没有缓解，孩子在病房哭叫不止。孩子的妈妈一遍又一遍地找医生、叫护士。到夜里 11 点，孩子仍然痛苦不堪，连累同病房患者无法睡觉。张晨想到了实习时老师用过的冬眠合剂（一种由氯丙嗪、异丙嗪、哌替啶及 5% 葡萄糖液配成的合剂），止痛效果好，就给这个孩子用了半剂。孩子很快不喊了，而且在他第二天交班时还在睡觉。

高景恒在黑板上写的内容大致是：①使用冬眠合剂需经上级医生同意。②使用前和使用后需要密切观察患者的生命体征和尿量。③使用冬眠合剂的前提是孩子已经补充了充足的液体量。而这些，张晨都没有做。早会上高景恒讲了术后止痛的方法、使用冬眠合剂的适应证和注意事项等。尽管他没有批评张晨一句，可这件事在张晨的心里刻上了终生难忘的印象。

20世纪90年代初，一个沈阳的女企业家因腹部过胖找到高景恒要求手术。经过术前检查后，高景恒为患者实施了腹壁成形手术。手术非常成功。然而，术后第二天患者出现口唇发绀、呼吸困难的症状且逐渐加重。肺部听诊可以闻及水泡音，血气分析为低氧血症、呼吸性碱中毒。高景恒通过一系列检查排除了脂肪栓塞的可能，判断这个患者存在急性呼吸窘迫综合征（ARDS）的风险。经过一系列有效的治疗措施，患者的病情有所好转，痊愈出院。此后，科室又出现了3例类似的病例，高景恒都及时对这些病例做了总结，发现过度肥胖、身材矮小的患者，术后腹壁收紧，加上收腹带固定，会导致横膈抬高，从而限制了肺扩张。如果患者年龄大、肺代偿功能下降，就会出现呼吸困难的症状。据此，放松收腹带，让患者半卧位以增加呼吸，给予正压吸氧，足量抗生素，可以有效缓解患者的症状。而此类患者需术前先用收腹带训练一个月，则可有效改善术后症状。这个问题解决以后，再没有出现过患者腹壁成形术后呼吸困难的情况。

图 9-1　常在河边走，永远不湿鞋。高景恒常用这句话来提醒自己

　　高景恒经常说的一句话是："常在河边走，哪有不湿鞋是狗熊，只有常在河边走，永远不湿鞋才是英雄。"事实上，他在乎的既不是英雄也不是狗熊，而是患者的生命和安全。为此，他对患者的术前准备、手术过程以及术后管理都严格地按照临床操作规范执行。在诊断治疗的过程中，他不放过一点一滴的异常现象。正是这样，才会在临床上保障了患者的治疗效果和生命安全，也不断地提升了自己和团队的业务能力。

三人行必有我师

高景恒另外经常说的一句话是：三人行必有我师。为了让科室的医生接触到国内外最先进的技术，高景恒经常邀请一些国内外的知名专家来院讲学，上海九院的王炜教授和西京医院的鲁开化教授都是整形外科的常客。虽然高景恒年长王炜教授两岁，与鲁开化教授同岁，但他人前背后都说这两位是他的老师，因此经常请他们到辽宁省人民医院来会诊、讲学。此外，中国医学科学院整形外科医院的李式瀛教授、上海九院的冯胜之教授、日本东京的乳房整形专家南云吉泽、北海道的整形医生武藤敬雄以及新加坡的邱武才教授也都来科里做过学术交流和手术演示，内容涵盖皮瓣移植、巨乳缩小、眶底爆裂性骨折、尿道下裂、除皱术、隆胸术和重睑术等。高景恒领导的辽宁省人民医院整形外科和杨果凡教授带领的原沈阳军区总医院整形外科还开展了定期的学术报告会。两家医院互通有无、互相学习，医生们不仅提高了学术水平，也建立了很深的友谊。

图 9-2　高景恒与来科里讲学的武藤敬雄（左三）（1994）

高景恒在整形美容的领域里不认门派，只认真理。20世纪90年代初，在东北地区活跃着一名美容医生周医生。坊间传得很神，说他做的双眼皮手术非常漂亮，周医生自己还给他的手术命名为"高分子双眼皮"，很多学院派的专家都不太认可周某。但高景恒说，没有实践，就没有发言权。他把周医生请到了辽宁省人民医院整形外科的手术室，为一位求美者看诊、手术。他一直在周医生身边严把无菌关和质量关，科室的医生全程观看了手术。当周医生快速、高质量地完成了这台重睑手术后，大家对他的手术特点也了解得一清二楚。高景恒的评价是，周医生的手术还是有质量的。

疑难重症必会诊

高景恒的手术安全有效，名声显赫于国内外。究其缘由就是严肃认真地执行会诊制度。2002年夏天一个美国人慕名来到辽宁省人民医院求医，这是一位体重180多千克的女士，过度肥胖严重影响了她的生活，连走路都非常吃力。在美国没有保险公司愿意为她提供保险，因此她通过中国医科大学附属盛京医院的一个教授找到了高景恒。住院后经过一系列的检查发现，这个患者患有高血压、高血脂和高血糖。高景恒于是向医务科申请了全院会诊，请来了麻醉科、呼吸科、心血管内科、内分泌科等多个学科的专家。专家们对患者的身体情况、术前准备、手术和麻醉风险等问题进行了充分的分析，拟出了几套风险处置预案，经过一个多月的精心准备，将患者的血压、血糖等控制在可手术的范围之内。高景恒为患者制定了严密的手术方案，通过 3 次手术，切除了患者腹部、大腿、上肢等部位近 50 千克的脂肪。患者出院时体重 125 千克，高高兴兴地回国了。

另一位高龄人士慕名找到高景恒要求做除皱手术。这是一位已经 82 岁的男士，因为严重的心脏传导阻滞还戴上了起搏器。这是科室有史以来年龄最大的除皱患者。高景恒先为他做了全身体检，同时做了相关的辅助检查以评估他的身体状态。所有的检查均显示患者身体状态良好。高景恒与麻醉科和心内科的医生一起给这个患者会诊。他们通过认真评估认为患者能够耐受手术，心内科和麻醉科也对术中可能发生的意外做了充分的准备。手术非常顺利，患者醒来后给予高景恒为首的医疗团队点了一个大大的赞。

高景恒既是医生也是学者，凡事实事求是、刨根问底。他常说："不懂不能装懂。不懂就问，不掉价（东北方言，一种形容身份、地位降低的说法）；不懂装懂，患者出问题了才掉价。"因此，高景恒经常会因一些不清楚的问题请会诊。他说："请会诊就是放下架子，请教别人。"他也确实做到了请教不分科系、不分年龄。科内一位医生在给患者做上睑下垂矫正术后，患者出现了暴露性角膜炎，高景恒立刻请来眼科医生会诊，在治疗上虚心听取眼科医生的意见，很快控制住了病情。

高景恒最痛恨的就是医生的冷漠和不负责任。一天早晨，一个手外伤的患者经急诊外科医生看过后转到整形外科。由于急诊医生在急诊未做任何处置，导致患者从急诊室到整形外科的路上滴了一路血滴。高景恒看到这种情况时非常愤怒，他急忙到处置室先给患者做了简单的包扎，然后抓起电话，找到那个急诊医生给其一顿训斥。因此，无论科内医生还是其他科室的医生在诊疗过程中都非常惧怕高景恒。也正是因为高景恒的严格要求，他身边的医生都练就了一手过硬的基本功。

组织工程，积极心态带来的机会

高景恒是 20 世纪 50 年代的大学生。由于医学领域的知识在近二三十年进展迅速，知识量呈几何级数增加，细胞生物学、分子生物学、免疫生物学等很多内容他们老一代大学生都没接触过。刚好科里几位年轻医生都先后读了研究生。高景恒就会向自己的学生请教，他会经常询问什么是细胞因子、什么是 CD 抗原、什么是 PCR 以及生长因子的检测手段等问题。

就是这样，高景恒以其积极的心态和宽阔的胸怀迎接着任何前沿性进展的到来。

20 世纪 90 年代初的一天早晨，大外科主任刘承训教授领着一个小伙子来找高景恒。这个小伙子是美国北卡罗来纳大学的海归博士胡杰，他从美国带回了一个崭新的组织修复理念——组织工程。尽管之前在 PRS 杂志上已经出现了组织工程方面的文章，但对于整天忙于临床的医生们并没有时间给予太多的关注。胡杰通过亲属找到了刘承训教授，寻求合作的机会。刘教授深知高景恒具有很深的科研功底，便将胡杰介绍到高景恒这里。

高景恒非常重视这件事，他认真地听取了胡杰对组织工程的讲述，但因某些原因合作没有成功。可是，高景恒并没有放过这个新生事物。为了深入了解组织工程，他让张晨查阅相关的资料，并要求尽快写出一篇综述。同时，他还和病理科主任王维民教授、检验科李永岚教授以及科室的年轻医生汪晓蕾联合组成攻关小组。他们的目的只有一个，就是研究组织拆分再重新组装的可行性。然而，在临床上让大家接受这么陌生的概念谈何容易？特别是科室的年轻医生，刚刚弄明白植皮和皮瓣、SMAS 和颞区层次，又冒出个组织工程。跟着高景恒，经常要疲于应对他那些新念头。由于组织是由细胞和细胞外基质（ECM）组成的，而组织工程又是研究细胞和细胞外基质的，因此年轻医生就把高景恒整天挂在嘴边上的 ECM 作为组织工程的代名词了。

组织工程是始于 20 世纪 80 年代末的一门新兴学科，它是利用细胞生物学、工程学的原理在体外构建组织的一种方法。这个新概念来自于美国麻省总医院的一位麻醉师 Vacanti 和一位 MIT（麻省理工学院）的化学家 Longer 在海边的闲谈。组织是由细胞和细胞外基质组成，那么能否将自体的细胞在体外繁殖扩增，再将细胞与人工可降解材料重组形成组织呢？他们用一种编织的可吸收线作为支架材料，先将体外扩增的鼠肝细胞、胰岛细胞和小肠细胞种植在不同的可吸收材料上，再将这种支架材料和细胞复合物在体外培养一段时间，最后将复合物植入鼠的体内。他们惊奇地发现，这种复合物竟然在体内演变成了有细胞活力而且血管化的细胞团块。此后他们又经过一系列研究，归纳出了组织工程的概念。他们将这一创新和发现刊载在 1993 年的 *Science*（《科学》杂志）上，引起了生物科学界的普遍关注。这篇文章在发表后竟被引用了上万次。

1994 年，高景恒和他的学生张晨完成了文献综述，弄清楚了何为组织工程、组织工程的目的和研究手段以及组织工程还存在哪些问题。由于组织工程涉及细胞培养和生物材料，而当时辽宁省人民医院并没有这方面的实验条件，同时也缺少研究经费，于是，高景恒想到是否可以和中国医科大学的专家合作。此前，高景恒曾和中国医科大学合作培养了博士研究生王志军和硕士研究生王毅彪、申京浩。高景恒来到了中国医科大学解剖教研室，这里是他合作培养研究生的地方。时任基础医学院院长的柏树令教授接待了高景恒，柏院长对高景恒的想法给予了大力支持，他为高景恒介绍了组织胚胎教研组和生物化学教研组的两位教授。然而，当高景恒兴高采烈地给两位专家介绍过组织工程后，并没有得到热烈的响应。因为两位教授都忙于自己的课题，组织工程与他们的课题相距甚远。于是，高景恒扫兴而归。

其实这也不怪两位教授。因为在 20 世纪 90 年代初，这个题目实在太新、太超前。即使在国内开会时很多整形专家听了高景恒提及这件事，也感觉似天方夜谭。张晨撰写的组织工程综述投到某杂志后也石沉大海。但高景恒仍旧不厌其烦地逢人就科普他的组织工程。直到有一天，留美学者曹谊林教授的实验老鼠后背长了人耳朵的新闻轰动全国后，人们才恍然大悟。当然，也有有心人受到了高景恒的启发。

1995 年，中国修复重建外科学会在昆明召开年会，高景恒应邀在大会上做组织工程的报告。但不幸的是，临近会期高景恒突发消化道大出血，病重住院。于是，高景恒委托他的学生王志军前往。王志军的报告引起了时任《中国修复重建外科杂志》杨志明教授的关注。杨教授是高景恒的好朋友，两人都是《中国修复重建外科杂志》的发起人之一。虽然杨志明是骨科教授，但作为修复重建外科的发起人，他对组织工程非常好奇，于是，他立即打电话给高景恒寻求帮助立项。而杨教授后来的研究方向就是组织工程，而且成果颇丰。

高景恒从中国医科大学回来后并没有就此罢休，他一面和攻关组的另外几位专家开始研究组织脱细胞的方法，一面鼓励张晨报考中国医科大学的研究生。高景恒对张晨说，你考上研究生，就可以利用中国医科大学的条件做组织工程的实验。张晨没有让高景恒失望，他于 1996 年考上了中国医科大学的研究生。此后 7 年，他在中国医科大学取得了硕士和博士学位，而他的硕士和博士课题都是组织工程相关的内容。医院的另外几名研究生文小泉、沙嫡、芮刚和韩克军做的也是组织工程的课题。当然，这些都是后话了。

醉心于 ECM

"ECM"的研究在高景恒的领导下热火朝天地开展起来了，攻关组查阅了所有能查到脱细胞的方法，在辽宁省人民医院图书馆查到的文章先复印给大家，查不到的文章委托军事医学科学院图书馆的老师帮助查找。然后，几位专家反复测试了所有可以查到的方法。那段时间，实验组的房间里堆满了各种形状的玻璃瓶子、各种颜色的试剂以及从市场上买回来的猪皮和猪耳朵……

到 1999 年，高景恒的攻关组已经掌握了皮肤、神经、软骨和骨的脱细胞方法。由于现有的组织工程研究是用人工合成的材料做支架，因此高景恒另辟蹊径，决定利用生物来源的支架材料实现组织再生。此时，攻关组已经做了一些工作，发表了一系列文章，高景恒以这些工作为基础申请到了辽宁省自然科学基金。不仅如此，高景恒的工作还被纳入到了曹谊林教授领衔的 "973" 计划项目——组织工程的基本问题研究。

通过几年的研究，高景恒对组织工程有了自己的独到见解。他认为，组织工程的支架材料可以是人工材料，也可以是来源于动物的天然材料，而我们的侧重点是天然材料。对于天然材料的使用，高景恒也给出了两个方向：一个是将体外扩增的细胞种植到天然的支架材料上，再植入到体内；另一个是直接将天然的支架材料 NECM（天然细胞外基质）植入体内，以其诱导邻近组织长到 NECM 当中去。高景恒在修复骨缺损时常用自体骨移植，因此他自然想到了骨移植的爬行替代理论。基于这个假定，高景恒认为，NECM 可以作为单一细胞种类的组织修复，如真皮、肌腱、骨和软骨等。这个理念在高景恒提出 10 年后，以 ADM（无细胞的细胞外基质）的概念在整形美容外科领域大行其道。

按照高景恒的思路，张晨在攻读博士期间，尝试了应用软骨脱细胞基质作为支架材料的软骨组织工程研究；芮刚在攻读博士期间完成了骨脱细胞基质为支架的骨组织工程研究；韩克军则完成了神经脱细胞基质为支架材料的神经组织工程研究。这些研究一直持续到 2005 年。此时由于一些特殊原因，科室人员流失严重，年逾七十的高景恒也终止了 10 余年的组织工程研究。

在这期间，高景恒的团队在组织工程方面的研究发表了数十篇论文，有的论文还发表在国际顶级的组织工程期刊 *Tissue Engineering*（《组织工程》）上。研究成果也曾申请过科研成果奖，但都被评审专家以尚未应用临床为理由拒回。高景恒倒也想得开，他说研究的目的不是为了得奖，而是为了找到更好的治疗手段。科学的发展就是在人类追求真理的过程中实现的，技术的进步则是在不满足于现状的不断创新中实现的。

高景恒一生的主要工作单位有 3 个。大学最后一年，他因成绩优异提前毕业留校；20 世纪 60 年代末，他随大连医学院南迁至遵义，在遵义医学院附属医院工作；80 年代初，他又奉命被调到新建立的辽宁省人民医院。在高景恒身边工作过的人评价他的时候，都会情不自禁地说高景恒这个人刻苦钻研。

苏轼云："古之立大事者，不惟有超世之才，亦必有坚忍不拔之志。"在长期的临床实践中，高景恒养成了严谨务实、厚积薄发的学术风格和研究视野。对学术研究，他坚持从基础做起。对一些学术观点，他不惜花大力气，也要把问题查个水落石出，有根有据，要使人心悦诚服。高景恒凭着这股刻苦钻研的精神，在医学研究的大地上，留下了自己一个又一个坚实的足印；也在数以万计的患者当中留下了技艺高超的口碑。

（张　晨，王志军，杨　倩）

10　关注民营

中国医美的起步

我国的医疗美容事业相较于西方国家起步较晚，民营医疗美容机构的发展相对滞后。我们知道，任何一个医学领域的发展都离不开患者需求和医疗技术。然而，在我国，医疗美容的需求却因历史原因被严重压制了30年。没有需求，医生便失去了提升技术的动力。直到20世纪90年代，整形外科突飞猛进地发展，国内很多大型医院的整形外科经过10余年的发展建设，都达到了相当的规模和水平，学习整形美容的医生也逐渐增多。这一时期，公立医院占据着绝对主导地位。医疗方面几乎听不到民营医院的声音，也看不到民营医院的影子。经常出现在电线杆子上面的小广告或许让人们意识到还有那么一小股力量的存在，却不会给人们留下什么好印象。偶有几个规模很小的美容诊所，在那些破旧拥挤的街区里占据着不显眼的位置。因此，即使是做最简单的双眼皮手术，人们也会想到去公立医院。

20 世纪 90 年代中后期，有些医生开始利用业余时间在一些美容院或厂矿医院的小手术室做双眼皮、隆鼻手术。或许是尝到了甜头，逐渐有一些民营资本介入和部分公立医院的整形医生离职，各地都涌现出具有一定规模的美容医院。这些民营机构为了吸引患者、尽快盈利，以铺天盖地的报纸广告硬生生地开发出了美容需求，逐渐地占据并炒热了医美市场。

然而，这些机构无论设施还是水平都良莠不齐，多数机构极其简陋，不仅没有麻醉和抢救设备，连手术床和无影灯都以简易的病床和地灯替代。重睑、隆鼻、拉皮、吸脂是比较常见的手术项目。手术技术粗糙，并发症层出不穷。因此，民营医生迫切需要正规的整形专家的帮扶。高景恒正是在这一时期勇敢地站了出来，担负起了历史所赋予他的神圣使命。

那个时期，高景恒一直支持科室的医生到沈阳及其周边城市会诊手术。他认为，这样可以对中小机构起到帮扶作用，同时也增加了年轻医生的锻炼机会，还能增加医生们的收入。有时民营机构请高景恒会诊，他都将这些机会让给了科室的医生。

行业的摆渡人

1996 年，自认为学成出师的进修医生史灵芝创办了杏林整形医院，但经营状况始终不温不火。20 世纪 90 年代，整形美容还不如现在这般流行，大多数人还无法接受医生在自己脸上动刀。可想而知，创业心切的她多受打击。史灵芝的父亲是一名颇有名望的中医，他甚至希望自己的女儿可以转行，同他一起从事中医的相关工作。

这个时候，史灵芝的恩师高景恒成了唯一支持她追寻梦想的人。

高景恒没有埋怨史灵芝创办民营医院的举动，相反，他认为这可以更好地推动整形技术发展，让很多医疗成果得到更广泛的应用与检验，而且高景恒认为，以史灵芝的能力和水平应该可以驾驭一家医院的发展。但高景恒觉得唯一欠缺的是，史灵芝的视野不够开阔，而且公立医院的做法过于保守，国内的民营机构发展又没有好的先例可以借鉴，因此高景恒建议她到整形技术相对发达的国家好好见识见识。

因此，高景恒建议史灵芝利用去欧洲开会的机会去开阔视野，了解西方整形技术的商业化。后来，高景恒还鼓励史灵芝飞赴日本进行深造，为其创业办医院提供了最为重要的帮助。

图 10-1 高景恒参加杏林韩国医院开业典礼（2013）

那些年来，史灵芝的所见所学，都成为日后医院发展的核心竞争力。沈阳杏林整形外科医院注重学术研究、注重技术水准、注重服务质量的基本发展道路，就是在高景恒的谆谆教诲下率先奠定的。

随着社会上民营美容外科院所不断涌现，以及从业人员不断增加，高景恒意识到，提高专业人员技术水平、确保求美者满意和安全是迫在眉睫的重任。作为常务副主编的高景恒把继续医学教育项目列入《实用美容整形外科杂志》的办刊内容之中。从1991年起，杂志每年都在各地举办1～2期美容外科技术提高班或学术交流会，吸纳了一批又一批的学员到辽宁省人民医院整形外科进修，或者引荐他们到中国医学科学院整形外科医院、上海九院整复外科以及西京医院整形外科医

图10-2　高景恒将自己的爱徒介绍给民营机构支持民营医院水平提高(2012)

院进修学习。同时，他也把优秀的学生和进修医生推荐到民营医疗美容机构中，鼓励大家把正规、严谨的美容外科理念与技术传承并坚持下去。

1998 年，高景恒将其爱徒王志军派到辽宁协和整形外科医院帮助建院并开展工作。这家医院是当时唯一一所省属美容医院，王志军将三甲医院整形外科的全套管理制度复制到这家民营医院，为当时辽沈地区美容医院的规范化做出了很好的样板。2006 年，高景恒的另外两名爱徒李衍江和汪晓蕾来到沈阳百嘉丽医疗美容医院担任技术和业务院长，不断得到高景恒的关心和帮助，使沈阳百嘉丽美容医院得以稳步和快速发展。

关心民营医生的成长

高景恒十分关注民营医院医生的成长，不管认识与否，只要民营医生有提高自我的要求，他都会不遗余力地给予帮助。

李珑，现为美国洛杉矶东方美医学整形美容中心总裁。回忆起 20 世纪 90 年代初结识高景恒的时候仍充满敬佩和感激。那是在 1991 年的全国首届医学美容整形医生培训班上，李珑说当时她是一个极其普通的民营医生，但不知是哪来的"虎胆"，在学习班结束的前一天，她直接来到参会酒店高教授的房间，大着胆子、硬着头皮自我介绍，邀请高教授到她们柳州医学整形美容中心做指导和示范美容整容手术。与讲课时严肃认真的态度不同，此时的高教授十分和蔼可亲。他询问了当地民营医学美容的发展情况后，愉快地接受了邀请，答应说他会在下一个年度安排时间前来指导，这是李珑万万没有想到的。按照李珑的说法，当时国内民营医疗美容行业刚刚起步，在社会上不被重视。因此，能够得到高景恒教授的关心和帮助，对于这些民营医生是莫大的鼓舞！

为了开拓民营医生的视野，高景恒为很多民营医生提供了出国考察的机会。2000年他为沈阳杏林美容医院的史灵芝院长联系到日本考察美容外科，燃起了她回国后提升与发展自己医院的梦想和激情。经过10年的努力，终于将沈阳杏林美容医院创办成了有影响力的整形外科专科医院。

另据尹卫民医生回忆，他经常就工作和学习中遇到的问题求助于高景恒教授，高教授每次都会详细地解答，并提供所有

图10-3　高景恒和王炜帮助民营医生解答问题（2013）

解决方案的出处或者证据，做到有理有据。尹卫民在攻读博士研究生选题困难的时候，高景恒不断地为他提供整形美容的新动向和新材料方面的信息，为其迷航中指明了方向。高景恒一直主张循证医学思维，不断启发民营医生要追根溯源，把临床上的问题尽最大努力搞清楚、弄明白。他也尽自己最大努力帮助民营医生解决临床工作中遇到的各种问题。据金宝玉医生回忆，每当在工作中遇到难题，他都会习惯性地请高景恒教授解疑破难。高景恒的知识成为民营医生取之不尽、用之不竭的宝贵财富，人们甚至尊称他为中国整形美容界的"百科全书"。

为民营机构排忧解难

高景恒亲临很多民营机构为其排忧解难。同样在2000年，新疆国医堂医疗美容门诊部因一起新材料的应用引发了医疗纠纷，由于当时没有先例可循，新疆医学会希望由中华医学会医学美学与美容学分会派专家援助进行技术鉴定。高景恒时任中华医学会医学美学与美容学分会副主任委员，代表分会带领鲁开化和曹孟君教授一起前往新疆乌鲁木齐进行医学鉴定，金宝玉医生作为陪同人员参与了整个过程。

据金宝玉医生回忆，当时3位教授刚参加完重庆的医美培训，便马不停蹄地启程前往新疆乌鲁木齐。经过4个多小时的飞行，抵达乌鲁木齐市时已是傍晚。高景恒、鲁教授当时都已是65岁的老人了，但两位教授不顾旅途劳累，随即开始工作，向新疆医学会相关同志和乌鲁木齐国医堂的张院长了解情况，组织大家认真查阅病历、手术以及护理记录，并分析原因，一直工作到很晚才休息。

因为高景恒一行都是第一次去乌鲁木齐，不知道乌鲁木齐与北京时间有2个小时的时差，所以还发生了一件有趣的事情。第二天一早，3位办事认真的教授6点30分起床，洗漱完毕，准备早餐后尽快工作。当他们来到餐厅后发现大门紧闭，也没见到服务人员，于是决定自己到外面吃早餐。放眼望去，整个街道空无一人，所有商店大门紧闭，最后，在一条偏僻的街道发现一家兰州牛肉拉面馆的老板正在生火，在与老板的闲聊中才得知，乌鲁木齐市早上10点才上班，下午2—4点是午饭时间，下午4点上班，晚上8点下班，夜里九十点钟才吃晚饭。这个小插曲也给他们的新疆之行留下了难忘的回忆。

通过会诊患者，高景恒明确诊断为感染，而非因手术及材料原因所致的异物反应（最后经抗感染治疗后患者痊愈）。会诊后高景恒亲自撰写了会诊报告，并分别向新疆医学会和中华医学会医学美学与美容学分会汇报了会诊结果。在乌鲁木齐期间，高景恒还应邀走访了新疆乌鲁木齐伊丽医学美容门诊和穆氏医学美容门诊，讲授了医学美容新技术的应用推广，同时也邀请新疆的同行积极参加中华医学会的学术活动，进一步普及和推进了我国少数民族医疗美容事业的发展。

他还经常利用编辑部审稿定稿会议，组织召集著名的专家学者前往各地，给当地医疗美容事业注入最新的知识和技术，为当地的民营医疗机构把脉，督促他们正规化和规范化，有力地促进了一方的医疗美容事业的发展，同时也以身作则为年轻的一代做出榜样。

据温州和平医疗投资集团的薛志辉医生回忆，当初他创办温州市和平整形烧伤医院之时，就经常邀请高景恒、王炜教授来温州开审稿会和定稿会，同时给他们传经送宝，为后来医院的发展以及集团规模的扩大打下了坚实的基础。

2000年5月，在云南昆明的一次巡回培训结束后，高景恒应昆明吴氏医疗美容医院院长吴自强的邀请讲授面部除皱技术的应用。那时的课件还是老式的幻灯片，每一张片子都凝聚着高景恒的心血和付出，体现了他一丝不苟的严谨作风。授课结束后，高景恒又带领当地医院的医生走上手术台，亲自传授

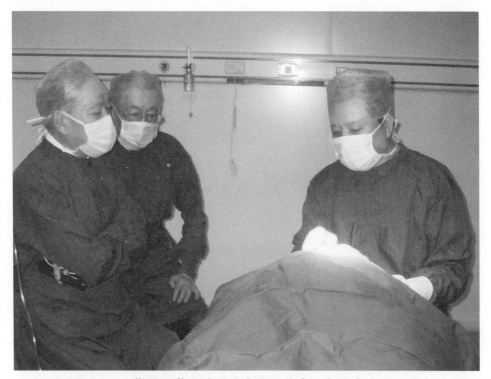

图 10-4　指导民营医院医生金宝玉（右一）手术（2013）

SMAS 筋膜除皱手术。从手术的设计、画线、消毒、铺巾、麻醉、切开，到皮下肿胀液的注射、SMAS 筋膜的分离、收紧固定、面部重要血管、神经的保护以及术后的包扎等过程，高景恒均毫无保留、倾囊相助，手把手地带教当地医生。手术结束后，高景恒又与机构的医生座谈，了解机构的发展情况，医疗设备需求，医生的来源、结构层次以及医院科室建设等情况，共同探讨了民营医疗美容机构的发展与未来。高景恒认为，民营医疗美容机构是我国医疗美容事业的重要组成部分，是中国医疗美容事业的推动者和建设者。那时他就预测，随后的 10 年将是民营医疗美容医院的春天。

另一次在东方国际美容大会期间，高景恒到上海富华医疗美容医院做手术演示。他亲自讲解，从手术的准备、设计、消毒铺巾、麻醉，到切开分离的要点，再到手术后的包扎等事项均阐述得详细、到位，并且反复强调术后的护理要点，讲明"三分手术，七分护理"的重要性。

引导民营机构规范发展

高景恒始终认为，中国美容医学的未来市场巨大，民营医疗机构是推动我国医疗美容的巨大动力。但民营机构重效益轻规范、重宣传轻学术等问题却让高景恒十分堪忧。因此，高景恒利用自己的影响力和到各处讲课培训的机会不断强调规范行为和加强学术交流的重要性。

他坚持引导、鼓励年轻医生和民营医疗机构参与世界美容医学学术研讨和学习研修，不断提高自身业务水平，从而显著提升了民营医疗美容机构的业务水平。2004 年 10 月底，在高景恒的鼓励和大力支持下，沈阳杏林整形医院举办了一次高规格的整形美容国际会议，有来自英国、法国、保加利亚、葡萄牙、韩国等数十位顶级专家与国内 500 多位同行进行为期 2 天的交流和探讨，受到了同行的一致赞扬。此后，沈阳杏林整形医院的发展也进入了快车道。

图 10-5　参加民营医院举办的国际会议（2004）

高景恒在民营医疗机构考察和指导时，最爱去的地方就是机构的病案室。据尹卫民医生回忆，当时四川华美整形美容医院（现在的成都华美紫馨美容医院）搬迁新址，医院邀请高景恒前去指导，他就专门要求去病案室看看病历，他非常严肃地对在场的负责人说道："医疗文书的书写和保管至关重要，也是法律依据。"他对于医院在业务用房十分窘迫的条件下，专门留出充足空间来安排病案室感到十分欣慰。他夸赞华美的工作做得好。从此，高景恒多次在其他场合提到四川华美作为民营医疗美容机构的示范作用，号召大家向他们学习。

类似这样的事例还有很多。通过分析民营医疗美容机构所面临的发展瓶颈，高景恒指出了民营医疗美容机构缺乏高素质技术人员的困境，强调了医师队伍的建设、科室的建设和学科带头人引进的重要性。针对机构医师梯队的发展与培养问题，高景恒提出了请进来和走出去相结合的基本思路，聘请国有三级甲等医院的专业技术人员来机构开展教学培训，聘请国有大医院的专家加入民营医疗美容机构；努力为机构年轻美容医师

图10-6　到昆明华美医院指导工作(二排左起尹卫民、鲁开化、高景恒、夏兆冀，后排左七为昆明华美总经理叶子阳) (2003)

图 10-7　高景恒（左三）与学生王志军（左一）及中华医学会整形外科分会的两位主任委员曹谊林、郭树忠（左二、右一）在大连参观民营医院（2014）

参加各类培训和国内外学术交流创造机会；鼓励民营医疗美容机构横向联合，组建规模化的医疗美容集团和相关学术组织，为民营医疗美容事业的发展指明了方向。高景恒那时高屋建瓴地指出了我国民营医疗美容机构的发展方向，总结、预测了在民营医疗美容发展的3个阶段。在初级阶段，美容医疗以诊所、门诊为主，注重人才引进、兼顾自我培养的发展模式。在中级阶段，民营医疗美容将发展为以医院为主，在国有大医院学科带头人的带领下，打造专业化医师队伍，逐步形成具有自我成长能力的专业美容医疗集团。而在高级阶段，美容医疗行业将形成集科、教、研为一体的大型集团化机构，并通过参与国际、国内学术交流，引领我国医疗美容医院事业的发展。事实证明，我国民营医疗美容事业的发展道路，确实印证了高景恒当年的判断和预测。

人生的故事有千百种，每一种都有不同的版本。回顾走过的历程，百感交集的又有几何？波澜壮阔的更是寥寥无几！数十年来，高景恒以他矫健的身躯不停地奔走在我国医疗美容事业的康庄大道上，用毕生的心血不断引领着行业的发展。

在岁月的洪流中、在命运的罅隙里，有些人就像一棵大树，根扎大地，叶擎浓阴，骄傲地对着山川，向一碧如洗的蓝天致敬！高景恒就是这样的人，他作为我国从事医疗美容外科相对较早的研究型与开拓型学者，是我国为数不多的长期支持民营医疗美容机构的专家教授。他十分关心并竭力帮扶我国民营医疗美容机构的建设与发展，在其中发挥了不可替代的重要作用。

（金宝玉，尹卫民，史灵芝，李　珑）

11　材料风波

医用生物材料的重要性

医用生物材料是指那些用于与人体接触和发生相互作用的，并能对其细胞、组织和器官进行替换、修复或诱导、再生的一类特殊材料。通俗地说，就是用来替换人体组织或器官的材料。说它特殊，是因为这种材料要放到人的体内。所以，它的最低要求就是不能对人体产生危害。

医用生物材料是人们的一个梦想，它与医学相伴而生。从人类有医学的那天起，就梦想着能用一种材料把患病的组织或器官替换掉。为此，人类也付出了沉重的代价。历史上，墨西哥的印第安人就曾使用木片修补受伤的颅骨；黄金、硫化天然橡胶、象牙和石蜡也都充当过生物材料的角色，又逐渐被人类所遗弃。

直至高分子材料的出现，人类对医用生物材料的开发才有了科学的色彩。它是建立在医学、材料科学（尤其是高分子材料学）、生物化学、物理学以及先进测试技术发展的基础之上的。研究人员也多由材料学家或材料学家与医生合作来承担。代表材料有羟基磷灰石、聚羟基乙酸、膨体聚四氟乙烯、胶原、透明质酸、脱细胞基质等。这类材料与第一代生物医用材料一样，研究的思路仍然是努力改善材料本身的力学和生化性能，以使其能够在生理环境下有长期替代和模拟生物组织的功能。至今，应用时间最长的就是硅胶。

但人们对这些材料在人体内的表现仍不满意，就拿硅胶来说，用它垫鼻梁，稍高一点，鼻背就透明了，严重时会从鼻尖部顶破；用它隆胸，有些人会发生包囊挛缩现象。因此，科学家和医学家都在不断地寻找更好的生物材料。

整形医生的材料梦

高景恒就是参与到生物材料探索的医生的一员。作为一名整形外科专家，他深知修复组织的最好材料应该来源于自身，也就是组织移植。这是高景恒擅长的技术，高景恒常说，组织移植就是"拆东墙补西墙"，是整形外科的基本手段。但是，"拆"和"补"的过程中存在着风险，"拆"一定会带来损伤。因此，"拆"和"补"做好了是一箭双雕，做不好则是鸡飞蛋打。所以，进入20世纪90年代，高景恒开始关注替代自身组织材料的开发和研究。

20世纪八九十年代，生物材料科学和技术的发展走上了"快车道"。以组织工程为代表的第三代生物材料研究专家，利用生物反应器在体外复制组织，想一举攻下在工厂车间内生产组织器官的难题。而另外一些专家，想开发出可以直接替代组织的天然材料或人工材料，尽管后者更像第一代生物材料，但时代不同了，它所依据的理论基础和采用的技术手段都已经有了质的飞跃。非常巧合的是，这两类材料的研发，高景恒都曾参与其中。这里既有偶然性，也有历史的必然性。

从高景恒进入整形外科领域的那天起，创新就是他工作的代名词。从青年时期训练显微外科到中年时期的小儿脚趾再造拇指；从遵义医学院的皮瓣移植到辽宁省人民医院的器官再造；从最早尝试吸脂和肿胀技术到 SMAS 除皱术，等等。因此，当他的同事们遇到新事物时，老教授们首先想到的是老高、青年医生想到的是高老师是否知道。

20 世纪 90 年代末，高景恒已从临床科主任的位置上退了下来，他全身心地投入到杂志的管理和运行上来。自从杨果凡教授去世以后，高景恒便接过了杂志主编的重任。作为一个杂志的主编，他每天密切关注着整形美容外科领域的进展。

偶遇新材料

一个偶然的机会，高景恒了解到一种进口的软组织填充材料，这种材料引起了高景恒极大的兴趣。彼时，他正带领着团队研究开发组织脱细胞基质。在掌握了基本方法以后，他们开始探讨如何向组织工程方面转化。由于常用的组织工程支架材料是人工合成的聚合物，因此，面对这种软组织填充材料，高景恒并不感到陌生。相反，他对这种永久性的软组织替代物寄予了很大的期望。如果植入组织内相容性好，对邻近组织没有伤害，那永久性植入就是一劳永逸。

在当时的历史条件下，高景恒认为注射材料可能比组织工程材料更早用于临床。对于一个临床医生做出这样的判断是无可非议的，也是现实可行的。高景恒调整了主攻的方向，他把绝大部分的精力投入到注射材料上来。

然而，随着查阅资料的深入，另外一个问题暴露出来，那就是该材料的单体对人体有害，有可能致癌，还具有神经毒性、生殖毒性和免疫毒性，会对肝、肾、肺、膀胱、消化道等造成损害。

那么，该材料中含有这个单体吗？如果含有，含量是多少？

图 11-1　高景恒在俄罗斯科学院图书馆查阅资料（2001）

该材料植入人体后是否稳定，会不会在体内分解释放出单体？这些问题被高景恒一一记录在笔记本上。他需要一个肯定的答案。

为此，他去俄罗斯查阅了该材料的所有资料。由于高景恒在大学时代学习过俄语，这为他查阅这些俄语资料带来了便利。在该产品的资质方面，他查阅了产品的出厂合格证、登记证书和卫生合格报告。对于同类产品，他全面地回顾了应用该产品原料的安全情况。所有资料都显示这个产品是无毒的，在人体内是稳定的。

新材料引起风波

1997 年，国内某医用材料单位进口了该产品，并开始进行临床应用。1999 年，高景恒发表论文，就某种医用注射填充材料的研究和应用阐述了自己的观点。他首先对 100 余年来注射性软组织填充医用生物材料的开发进行了批判性的总结，对石蜡和液体硅胶等注射材料给予否定，提出了医学发展的规律和趋势，要求人们势必不断研究和开发液态填充医用生物材料。

他在文章中强调，引进国外的先进技术是发展我国科学技术的手段。因此，在引进中，如何消化、吸收和发展我国的产品是我们引进的目的。作为一名医生和科学家，他也表示了对这种新生事物的担忧。

首先，他需要了解这种材料的长期疗效和安全性。不用说，任何临床医生都深知长期随访对评估任何一种治疗的重要性，他甚至在文中提出"终身评价"的概念。他指出，终身评价需要长期临床应用的结果加以证实。因此，应用生物材料的患者和医生都应该懂得终身评价的意义，即要长期观察效果，进行疗效评价。如此说来对这种材料的临床应用也不例外，也需要长期研究，观察终身效果。

其次，他担心假冒伪劣产品的出现。他在文章中特别提醒不能将工业上的填充材料应用于医疗上，否则是违法的、害人的。他主张要长期客观地评价医用生物材料。

然而，事实并没有像人们想象的方向发展。因为这项技术门槛不高，所以在短时间内很多中小美容机构争相开展了该技术。甚至没有行医执照的人、不具备实施该技术的场所等都在做。而在供货商方面，注射材料也一瓶难求。一时之间，真货假货很难辨别。很难想象，在这样混乱的市场环境下，这个材料能不出问题！

这些乱象的接连发生，为注射材料在我国医美市场的健康发展构成了巨大的隐患。

由于该材料使用后，出现了多例不良反应事件，该材料最后被停止使用。

（张　晨，王志军，尹卫民）

12　微整先驱

师徒之争

2003 年大年初三，高景恒的弟子们如往年一样在这一天聚集到高景恒家拜年。他们当中有时任大连大学附属新华医院副院长的王志军教授、有自主创业的刘金超院长、有在民营医院做院长的李衍江，还有辽宁省人民医院的整形外科医生张晨、《中国美容整形外科杂志》编辑部的高树奎主任等。高景恒照例过问一下弟子们的发展情况，但很快讨论的主题就转向了未来美容外科的发展方向上。讨论的正方与反方的主要代表是高景恒教授和王志军教授，讨论的焦点是美容外科技术究竟是向微创发展还是向有创发展。高景恒的观点是未来的美容外科要以微创为主，会向无创发展，甚至于诞生美容内科；而王志军的观点是就外科原理来讲大手术大效果、小手术小效果、不手术没效果。一时间师徒争得难解难分、从客厅争到餐厅、从茶几争到了餐桌。

据高景恒的弟子王志军回忆，这类争论有过不下 10 次。

有时是在会议上面对面地争论，有时则在电话里争论。对于高景恒的一些选择，弟子王志军有不解的地方，就会和老师争论。而与高景恒争论也是出于无奈，争论之后有时还会打电话问问师母王长菊高老师对争论的反应。其实，这种事折磨了王志军的大半生。在王志军看来，高老师是一位技术精湛的外科专家、学者。若他能够始终如一地从事临床、科研和教学，会造福更多病患与年轻医生。

进入21世纪，我国现代医学美容已经走过了十几个年头，它从少数专家为个别专业人士手术的特殊服务转变为一大批医生为普通百姓服务的医学专科。手术范围从简单的做双眼皮、隆鼻、拉皮手术发展为做眼睑美容、鼻整形术、乳房整形美容手术、拉皮、SMAS、骨膜下除皱术、面部改型手术、腹壁成形术、脂肪抽吸术等多种多样的美容手术。2002年，我国出台了划时代的《医疗美容服务管理办法》（国务院19号令），这是共和国的历史上首次颁布的与医疗美容相关的法律法规。

美容外科一改在外科系统内的不被重视的地位。学科建设方面，在张其亮、彭庆星、高景恒等教授的大力倡导下，美容医学与临床医学并驾齐驱成为一级学科。而美容外科也由整形外科的一个分支化身为美容医学最重要的组成部分。在医学教育领域，辽宁的大连医科大学、江西的宜春医学院以及山西的大同医学院纷纷开设了美容医学系。医疗美容机构的设置方面，少数公立美容医院和大批民营资本创建的美容医院在全国各大城市纷纷兴起。有些医生也办起了自己的诊所、门诊部，甚至是医院。而美容手术的效果，造就了很多美女，让人们对美容外科刮目相看。在媒体的烘托下，"人造美女""人体增高术"等概念让很多女孩子都抱有"化茧成蝶"的梦想。这些人为炒作也引起了国外媒体，如《纽约时报》的关注。当然，美容外科医生的收入也大幅增加。一些其他专业的医生也改行转向美容外科。

新世纪的年轻人，不再羞于谈论美容手术，美容外科甚至成为人们茶余饭后的谈资。普通人对美容手术的接受度不断升高，到医院做个双眼皮、垫个鼻梁等美容手术也成为一种时尚。报纸、电视上铺天盖地的美容广告也不断煽动着爱美人士的心，对美容起到了推波助澜的作用。

在美容医院，手术越做越大，一次麻醉下同时做的美容手术项目越来越多，随之而来的手术时间也越来越长。面对这种情况，高景恒不无担忧。他希望看到美容事业的发展，但希望他们那一代人发展的美容医学能够健康地发展。那段时间，高景恒经常对他的学生们说："美容医学服务的对象是健康人，服务的目的是为了满足求美者的心理需求，而不是治病，更谈不上救命。"所以，美容医学的医疗行为没有必要实施冒险的技术。医德规范中将职业道德定义为"一切为了抢救人的生命"。为了挽救患者的生命，医生应具备"明知山有虎，偏向虎山行"的担当精神和职业操守。但是，有的从事美容医学的医生却并非如此。

注重美容安全

高景恒一直站在医学的高度审视着美容外科的发展。他认为，无创与微创不仅是健康求美者的普遍追求，也是医生执业中能够安全有效的基本保障。在有效的前提下，所有求美者能用口服的方法就不用注射的方法；能用注射的方法就不用外科手术的方法。在美容治疗中，美容整形医师应该遵循这一普遍规律，注重当今各种微创/无创技术。

SMAS除皱术是高景恒在美容外科较早开展的一种高难度的面部年轻化手术，但他并不认为这项手术可以解决面部年轻化的所有问题。相反，应该采用普通光学技术、无创激光技术、射频技术、中胚层疗法、注射技术、脂肪细胞和干细胞注射技术以及常规除皱术的联合治疗。因此，在医疗实践中，应该有针对性地加以选择。原始的除皱手术仅是拉紧松弛的皮肤，对肤质老化的改善无任何帮助。因此，对不同形态结构的面部老化，应采用不同的技术综合治疗。可以说，对于一个擅长手术除皱的医生，在SMAS除皱术最为鼎盛的时期，指出了手术除皱无法解决的问题，这不仅需要实事求是的勇气，更需要敢于否定自我的胸怀。

然而，作为一名"动刀"的美容外科医师，同时选择个性化的微创/无创技术，无异于迎接一次新的挑战。可是，为了达到安全有效的目的，高景恒坚持认为这些光电、注射技术迟早会实现从非主流技术转化为高效的主流技术。

首遇注射胶原

那么，这些用于非主流技术的材料在哪里呢？

很少有人知道，高景恒对这些非主流技术的探索早在 20 世纪 90 年代中期就已经开始了。他认为，美容外科多以切除多余的、添补缺少的、拉紧松弛的以及移位错位的为基本手段。其中，添补缺少的是美容外科常用的重要手段之一。因此，急需开发最佳适宜各种组织的填充物。然而，那时国内很少有注射和光电类的产品，高景恒通过一位同学认识了时任中国预防医学科学院职业病防治研究所的刘秉慈教授。

那么，刘秉慈是谁呢？或许我们很多从事医疗美容的注射医生都不会知道，她是中国的注射胶原蛋白的奠基人，被誉为"中国胶原第一人"，也是当时我国胶原制作领域的学术带头人。

刘秉慈（1946—2013），20 世纪 70 年代初毕业后分配到中国预防医学科学院劳动卫生与职业病研究所工作。1986 年，她作为公派访问学者赴美国 Baylor 医学院整形外科实验室进修胶原生化分子生物学。在那段时期，她积极参与了人体胶原美容的研究工作，她的研究成果"注射人胶原的研究及应用"获得了 1988 年美国整形外科学者奖。回国后，她利用在美国的研究成果，于 1991 年最早研制出"医用注射胶原填充剂"，并获国家药品监督管理局批号，在国内各大型三级甲等医院广泛临床应用。

高景恒从预防医学科学院获得了一些医用注射胶原填充剂，他对一些严重的眉间纹患者试用了注射胶原。从起初的效果来看，注射方法操作简单，如果掌握好适应证，效果也非常好。后期高景恒观察到这种胶原的一些问题，一是个别求美者注射后局部长时间红赤；另外就是注射后半年左右胶原就吸收了，所能维持的时间过短。为此高景恒不断查资料，在注射技术上寻找解决的办法，并把问题反馈给刘秉慈教授。但后期国产注射胶原在这些问题上并没有得到很好地解决，高景恒也就放弃了这种材料的应用。

使用国产胶原的出师不利丝毫都不影响高景恒的微创梦想。他查阅了很多这方面的资料，还让汪晓蕾医生写了一篇这方面的综述，力争做到对当时国际上可注射胶原了如指掌。高景恒则整天将 Zyderm Ⅰ、Zyderm Ⅱ（美国的可注射胶原产品商品名）挂在嘴边。但非常遗憾的是，这两种产品并未像今天的瑞兰、乔雅登那样能够很快进入中国。

关注注射新材料

而恰在此时，另外一种注射填充材料进入高景恒的视野，那就是 Intefal（英捷尔法勒）。Intefal 是乌克兰生产的亲水性聚丙烯酰胺水凝胶。这种材料在乌克兰、俄罗斯等国广泛应用10多年，取得了较好的效果，是当时欧洲普遍应用的可注射性永久填充剂。它在 20 世纪 90 年代末由国内某进出口公司引进我国。由于高景恒一直关注着注射性填充材料的进展。因此，该公司和高景恒取得了联系，希望他能在这一材料的临床应用方面给予指导，而高景恒也对这种新引进的材料注入了他的心血。

创新是科学家的灵魂，对新生事物存有好奇心和解决问题的创造力则是一个科学家的基本素质。高景恒正是这样一个对新事物极具敏感性又勇于创新的科学家，但他并不盲从。他从一个医生的角度出发，更加关注这个材料的安全性。

高景恒首先去研究如何评价医用生物材料（植入体）的安全性，以及它的评价标准是什么。尽管这些工作是生物材料方面专家的任务，但高景恒在使用材料之前，仍把评价材料的安全性作为首要任务。因为那时我国自行开发的医用生物材料还不多，进口医用生物材料少之又少，就拿医学美容领域来说，可用的国产材料就是硅胶和羟基磷灰石，而进口材料只有美国Gore 公司生产的膨体聚四氟乙烯（ePTFE）。

高景恒仍然沿用几十年养成的习惯，首先查阅相关资料，然后撰写综述，最后再根据综述获得的信息设计相关的实验研究，以便从动物实验方面拿到第一手资料。

由于聚丙烯酰胺水凝胶已经用于临床，要尽快了解这个材料的生物学性能，高景恒倍感时间紧迫，他夜以继日地查找资料、阅读文献。熟悉高景恒的人都知道，他无论走到哪里，都拎着一个黑色的文件包，即使是在外吃饭，也包不离身。有时学生们帮他拿着，他很快就会向学生要回，不知道的人还以为里边装的是什么宝贝。其实，早期里边装的都是各种打印资料，后来这些纸质资料换成了笔记本电脑。20 世纪 90 年代后期笔记本电脑尚未普及，为了方便工作空闲时阅读文献，高景恒将所有需要看的文章打印出来，再按照临床、实验分门别类地装在不同的牛皮纸口袋里，再装到那个大大的文件包里。一有时间他就拿出来，要么仔细地阅读，不停地在重点的地方做着标记；要么拿出一些文章，就一些问题与他的学生、相关的专家进行讨论。

通过这一番操作，高景恒和弟子们掌握了这种新材料的理化特性、生物相容性和安全性等问题。他的基本结论是，这种材料有可能成为新一代的软组织注射填充材料。正因为如此，才使高景恒深度介入了这种材料的临床应用，也卷入了前边讲述过的材料风波。

为生物材料的研发大声疾呼

在查阅了大量的国内外医用生物材料的相关论文后，高景恒深感我国在医用生物材料方面研究与开发工作之薄弱。这一点从那段时期他发表的几篇综述和述评文章就可略见一斑。

1998 年，高景恒发表了第一篇关于生物材料的文章——《加速我国医用生物材料的研究与开发》。文中他列举了前20 年我国研究开发应用的几种生物材料，总结了它们的优点与不足。而对尚属空白的聚合物类生物材料等方面的研究，高景恒不无堪忧。

高景恒在这篇文章的结尾大声疾呼：应大力发展我国自行开发的人工合成的组织代用品。他认为这样做有利于组织工程学研究与发展；有利于组织再生引导生物材料创新；有利于最佳人工合成各组织代用品而应用于临床。那样才会大大地提高我国的医疗质量与服务于患者的能力水平。他甚至认为此项任务责无旁贷地落在修复重建外科与美容外科工作者和材料

学家的结合上。因此，呼吁我国的有识之士和有条件的单位
联合开发和研制人工合成组织代用品，这将会迅速提高我国
这方面的医学水平，以便跟上国际先进行列。

这篇文章写在新世纪到来的前两年，高景恒站在医学和材
料科学发展的前沿，吹响了新世纪科技攻关的号角。进入新世
纪，不论是国家层面的科技创新项目还是国家自然科学基金的
指南，再到各省市的重大科研项目申请，无不把生物材料列
入了未来发展的重点。今天看来，我们有感于高景恒作为一
代科学家的高瞻远瞩与使命担当。

中胚层疗法

就在高景恒查阅可注射填充材料的过程中，他又发现了一
个新的名词——中胚层疗法（Mesotherapy）。在一次和学生
的谈话中，他问学生是否了解中胚层疗法，当时把学生问得一
脸懵。那些做了近 20 年整形外科医生的学生从来没有想过自
己的专业里冒出个组织胚胎的名词来。

高景恒则点燃一支烟，娓娓道来中胚层疗法的前世今生。
原来，所谓的中胚层疗法，就是向皮下脂肪、筋膜和肌肉组织
中注射药物，从而实现促进血液循环、降解多余的堆积脂肪、
清除硬化的纤维结缔组织、改善淋巴循环以及抚平脂肪团块的
一种治疗手段。

这种方法是一个法国医生在 1952 年首创并开展的治疗技
术。20 世纪后半叶，这项技术逐渐在法国、美国、葡萄牙、

西班牙、韩国以及南美地区流行起来。

对于这种新方法，高景恒查阅了大量文献，此时，由于网络较之前有了很大的改善，高景恒也从相关的网站上查阅到了大量的信息。他在2006、2007年这两年，连续发表了3篇介绍这个新方法的综述，分别就其起源、发展、相关解剖、基本原理、操作技术、所使用的药物与配伍以及可能出现的并发症进行了精辟的阐述。

回头看来，这些超前的文章，直接引领了医疗美容接下来20年甚至更久的发展。我们可以在高景恒的文章中找到今天的微针注射、水光针的影子，也能在处理注射并发症时遇到高景恒早就提到的非结核性分枝杆菌感染的诊断与治疗。关于后者，是一个了不起的贡献。因为注射美容的"简单"带来的问题及包括后者，但绝不限于此。这是一个极重要的"警讯"。

然而，对Mesotherapy合成词汇的中文翻译，高景恒却和学生持不同见解。高景恒根据所看过的文献内容，认为组织胚胎学的中胚层发育成为纤维结缔组织、脂肪、软骨、骨和肌肉，而这些组织也是美容医学所面临的问题，尤其脂肪、筋膜和皮肤对美容医学更重要。因此，译为中胚层疗法比较妥当。他在文章中是这样翻译的，在会议上也是这样讲的。但他的学生和一些年轻医生认为"中胚层疗法"不好理解又绕口。他的学生认为Mesotherapy中的Meso还有中间的意思，可否理解为是外科手术与内科治疗之间的"中间技术"，这样似乎更好解释。但高景恒坚持他自己的观点。而正在此时，有位国内聪明的医生，将Mesotherapy音译成美塑疗法。这样的翻译，叫法通俗简单，既传出了这个词神，也搭其内在的意，因而很快在业界传开，也化解了高景恒和学生的争议。但高景恒还会时不时地提起他的中胚层疗法……

抗衰老

进入 21 世纪的第二个 10 年，高景恒关注的方向转向了抗衰老。2015 年，他出任中国整形美容协会抗衰老分会顾问。那段时间，他查阅了很多人体生长激素（HGH）在抗衰老领域里应用的学术论文，不仅如此，他自己还尝试使用外用的抗衰老产品，观察其疗效。他的弟子们也发现，老师最近经常谈论的话题是抗衰老问题。

据美国洛杉矶东方美医学整形美容中心总裁李珑回忆，2019 年初回国探亲，她特地到沈阳拜访了高景恒教授。当时高教授已是 80 多岁高龄，和她探讨了很多抗衰老领域的话题。高景恒让她回美国后注意人体生长激素在抗衰老方面应用的进展。当李珑返回洛杉矶后，果然发现美国医学界的抗衰老学者们正在研发超微量的人体生长激素通过皮肤渗透使人体达到抗衰老作用的产品。可见高景恒虽然年事已高，但在学术领域仍然保持着非常敏锐的洞察力。

如今，距高景恒提出的有些理念已经过去 20 多年，医疗美容行业丝毫没出高景恒意外，都按照他的设想发展过来。在遍布祖国各地的美容医院，都能看到微整科、注射科或轻医美等新名词。虽然这样的分科并未得到学术上的承认，但丝毫不影响其在行业内大行其道，甚至在某些学术团体里也出现了微整专业委员会和微整大会的字样。每逢学术会议，微整的会场都是座无虚席、场面火热。

而涉及的微整产品，也远非 20 年前那可怜的 1 ~ 2 种。从进口的瑞兰、伊婉、艾莉薇、乔雅登等，到国产的润百颜、海薇及爱芙莱等。从单纯的充填，到面部提升、轮廓塑形、改善肤质，注射胶原也有双美等疗效持续时间更长的产品。但不管产品多么繁多、注射的方式多么花样，都离不开高景恒倡导的产品质量和医疗安全。而医疗美容发展到今天这样的规模，也是高景恒那一代为之奋斗的目标，也是他们站在学术的前沿不断引领的结果。

采得百花成蜜后，为谁辛苦为谁甜？也许有人要问，高景恒对微创整形投入了如此多的心血，他是否做过很多注射治疗或者使用过很多填充材料？又或者说高景恒一定会利用注射微整赚到很多钱吧？不，如果我们这样想高景恒就大错特错了。高景恒大力提倡的微创整形并非出于个人赚钱的目的，而是站在美容医学的发展方向的高度上、站在安全服务于求美者的高度上，为美容医学探索下一步的发展方向和可持续发展道路。可以肯定地讲，高景恒作为一名全国著名的整形外科专家，一直以自己心爱的整形外科为主业，但这不表示他不关心美容医学的发展。

那么，高景恒和其弟子王志军的争论到底谁赢谁输呢？其实，他们的争论是基于不同方面的考虑。高景恒展望的是美容医学发展的未来。在一个以手术为主导的年代，他预见到的是医学美容发展的方向；而王志军教授考虑的是美容手术的效果，他在临床上观察到了 SMAS 除皱术的不足，经过多年研究，采用了更加高位的 SMAS 除皱术，取得了更好的面部年轻化效果，同样代表着美容医学的进步和发展。他们用时间和实践从不同的角度证明了自己观点的正确，却丝毫没有尝试利用自己的优势去征服对方。

学术争论是高景恒极力提倡的。他经常说的一句话是："百家争鸣，百花齐放。"他在晚年也常常提到，学术交流重在质疑。能够证伪的问题才是科学问题。他最痛恨有学术没交流、有交流没质疑。当然，针对一些学术霸权主义者，他也强调，学术交流不是充满火药味，不是拍桌子，不是面红耳赤，更不是剑拔弩张，甚至谩骂和人身攻击。争论应当是儒雅、智慧、论理的。为一个共同的真理而争论、而发展，最终获得共同的享受——发展。

与智者同行，与善者为伴，与高人为伍，这些应该是人生一大幸事。高景恒的身边人有幸做到了。高景恒用他的勤奋、睿智、豁达和无私感染着他的学生、同事、同道、好友。在医美发展的十字路口上，他有如中军大帐中的将军，虽然未动一枪一炮，却能统领千军万马，审时度势，顺势而为，正确地引领了美容医学行业的发展和走势。

他是当之无愧的微整医美先驱！

（张　晨，王洁晴，李　珑，王志军）

13　慈父孝子

慈　父

1976 年 12 月底的遵义格外寒冷，这天早晨高景恒如往常一样步行去医院上班，穿过马路时抬头看了看阴沉沉的天空，突然有点想念北方冬天的阳光，紧了紧衣领，想到今天还有好几台手术，便加快脚步走进医院大门。

早上 8 时，遵义医学院附属医院的手术室已是一派忙碌的景象，手术患者不断被推进来，训练有素的麻醉师和护士们紧张而有序地做着术前准备工作，一间间手术室门口不断亮起"手术中"的指示灯。这时，走廊里一个年轻的护士急匆匆地走进护士长办公室，不等护士长询问，就急促又紧张地说道："护士长，为什么又派我跟整形高医生的手术台？我不想给他配台。"护士长看着眼前这个小姑娘，稚嫩的脸庞微微泛红，不自觉抿紧的嘴唇透着一丝骄傲和一丝倔强。"高老师比较严格，手术要求高，但是有利于你提升业务水平。"顿了顿，护士长又换了更为温和的语气："只有你最适合。"年轻的护士想辩驳什么，嘴唇动了动，最终还是点点头转身出去了。护士长看着这个年轻护士的背影，她是刚入职一年多的新护士，名字叫高桢——高景恒的女儿。

手术间里，高景恒的手术已经开始。除了麻醉机和冰冷的手术器械碰撞发出的声音，没有人说话，甚至没人敢大声喘气。高景恒手术中的严谨和脾气不好是医院里有名的。因此，手术助手、麻醉师、护士都不敢随便说话，生怕"引火烧身"。而今天手术出奇的顺利，高景恒也罕见地没发火，他抬头看了一眼器械护士，是自己的女儿，五味杂陈难以言表。对于女儿，他无比宠爱又非常严格。由于女儿出生后高景恒和夫人王长菊分别在外求学、工作，一个在长春，一个在大连。幼小的高桢只能由住在吉林市的外婆照顾。一直到王长菊工作调动到大连，两人的生活和工作相对稳定时才把女儿接回身边，这时高桢已经7岁，又错过了报名读书，只能再次把她送回吉林老家上小学，一直到二年级才费尽心机把高桢转回大连读书。虽然女儿回到了身边，但那时高景恒在大连医科大学附属第一医院担任外科住院总医师，繁忙的工作让他无暇照顾家里，常常一个月才回家一趟，回家也就是换洗衣物，吃顿饭，然后又匆匆回到工作岗位。现在看着女儿，高景恒默默感慨，女儿是什么时候长大的呢，已经成为一名护士了。这个女儿性格中有很多地方和自己相像，善良、勤快、聪明、倔强、动手能力强，好好培养应该可以成为一名优秀的护士。

结束一天的工作回到家，高景恒和家人简单吃过晚饭后，照例在书桌前坐下。这时夫人王长菊走过来提醒他，明天大儿子高峰新兵出发，要去车站送行。机械性地"哦"一声，来不及多想，还要为明天的手术做准备的高景恒一头钻进了书海里。第二天下午，高景恒随着王长菊一起来到遵义火车站，站台上熙熙攘攘全是送行的家属，夹杂着穿着绿色军装的新兵，是阴冷的冬日里难得热闹的场景。在高大的父亲身边，穿着军装的高峰看起来格外瘦小，他上个月刚过完 15 岁生日，从小对军队向往的他瞒着家里偷偷报名参军。刚好当年部队从初中生中招收通信兵，高峰居然被录取了。虽然高景恒对于儿子参军是极力反对的，他希望儿子可以继续学业，至少高中毕业再参军也不晚。可是作为一个开明的父亲，他不想磨灭儿子的梦想，加上王长菊的劝说，最终答应了。也许夫人说的对，高峰从小淘气，成天在家属院里带领一帮孩子打打杀杀，自封"司令"，三天两头闯祸，是三个孩子中唯一让高景恒动手教训过的，也许去部队锻炼锻炼，能让高峰懂事一些。

"呜……呜……"火车启动的鸣笛声将高景恒的思绪拉回来，看着车窗里满脸激动的高峰渐渐消失在远处。站台上的人纷纷散去，但望着远去的火车高景恒却迟迟没有移动脚步，王长菊抬眼看到了高景恒眼中的泪水，那是一位父亲对儿子远行的不舍和担心。火车消失在视野中很久之后，"走吧！"高景恒才低沉着声音召唤夫人。"太小啦，太小啦……"高景恒边走边自言自语地念叨着，两人互相搀扶着离开车站，远远望去正值盛年的高景恒竟然有了老态。

对大儿子高峰的惦念很快被忙碌的工作填满，日子转眼来到了1980年。这两天小儿子高岩一直反复发烧，高景恒于是带他来医院彻底检查一下，验尿、抽血、拍片……结果终于出来了，急性黄疸型肝炎。这是急性病毒性肝炎的一种，发病期间具有传染性，粪-口途径传播，吃住在一起的家人容易被传染。想到这些，高景恒和单位告假后，带着高岩回家，腾出一间房间作为隔离区，叮嘱老人一定不能进去，餐食和餐具都单独准备，并且要消毒。虽然告知了家人注意事项，但考虑到疾病的传染性，高景恒通知大家，高岩的隔离房间除了自己谁都不能进。自此，照顾儿子的任务由高景恒一人承担。每天叮嘱按时服药、餐具消毒、房间消毒、营养配餐……即使每晚看书到深夜，高景恒临睡前也要到儿子的房间看看，听到他平稳的呼吸声才放心。高景恒对这个小儿子还是有点宠溺的，不仅因为高岩是最小的孩子，从小听话老实，不似高峰淘气，加上天生的嘴甜，总能哄得家里的老人开心，所以对这个儿子从来没有动过手，甚至责骂都不太多。可能因为孩子听话，家中老人对这个最小的孩子照顾得很周到，平时高景恒对高岩的关注并不多，这次刚开始发烧也以为就是普通感冒，耽误了几天，想到这些他有些自责。也许儿子又偷偷去医院门口的街头小摊吃羊肉粉了，每次都告诉他们不许吃，那种小店卫生状况太差，可是香味诱人总是吸引这些医学院的孩子们。这次高岩病好了，一定要看着他，不让他乱吃东西了，高景恒心里暗暗下定决心。高岩病了一个多月，天天在家被人照顾着，胖了一圈，而高景恒却瘦了很多。

孝　子

百善孝为先。在高景恒的生命里，母亲是他最割舍不下的人。1953 年，高景恒正在读高中，他的母亲因心脏病去世，当年埋葬在老家。1968 年，大连医学院决定南迁遵义，高景恒即将举家随校南迁。当时真有一种"离别容易相见难"的离乡凄凉之感。南迁之前，高景恒携妻回老家取出母亲的遗骨，并独自在小山上设法火化，然后将骨灰包好随南迁带到遵义，在家中奉存。1982 年，回迁沈阳时又带回家中。直到 1997 年老父亲病故，才将父母送回吉林老家合葬。古人守孝三年尽孝道，高景恒在家中奉存母亲的骨灰 30 年，对父母尽孝之举令人敬佩。

不仅如此，高景恒对自己的岳父也及尽孝道。1991 年末，高景恒岳父已 86 岁高龄患上胃癌，当时全家已经从遵义回到了沈阳。得知岳父确诊胃癌时他还在上海开会，高景恒第一时间赶回沈阳，立即安排住院手术，并且从岳父住院开始就常住在医院。白天照常查房、手术、开会，晚上就在病房陪着岳父，观察病情变化、洗脸、喂饭、翻身、擦洗，生活上照顾得无微不至，常常让病区不知情的患者和家属以为高景恒陪护的是自己的父亲。由于老人年纪大，手术后刀口一直不愈合，状态非常不好，高景恒经常和主任就治疗方案交流意见，同时也通过关系找外院的专家会诊，经常亲自换药，以便能准确掌握岳父的病情变化。岳父在医院住了 3 个月，高景恒就在医院陪护了 3 个月，无奈老人年事已高，病情严重，只能出院回家。在家中尽心尽力照顾十多天后，老人离世，高景恒又张罗老人后事，知道岳父生前是一个体面人，也尽量让他走得安心和体面。对于此事，夫人王老师每每谈起都很感激，"亲生儿子也不过如此。"

图 13-1　高景恒夫妇到吉林松花湖祭奠故去的老人（2013）

2002 年，盛夏七月。北国江城吉林市，美丽的松花湖，群山环绕，深绿色的湖水掩映着青山。这一时节正是游松花湖最好的季节，湖面上荡漾着众多游船。兴致盎然的游人乘船上行，凉风习习，暑气全消。这时湖面上缓缓驶来一艘游船，船上正是高景恒的一家人，他们此行却不是来旅游的。此时高

图 13-2　高景恒夫妇和儿子高峰、高岩两家回吉林祭奠老人时在松花湖边合影（2009）

景恒已年过六十，不再担任科主任的职务，只是定期参加科室会诊和查房，他的主要工作是杂志的主编，因而有了更多自由的时间。高景恒老两口商量，两家都是吉林市的，又都是独生子女，不如效仿周恩来总理，把4位老人的骨灰都撒入松花湖，也算是叶落归根。从那之后，每年夏季只要高景恒有时间都会和老伴、孩子一起来吉林松花湖祭拜。现在3个孩子都长大了，各自成立了小家庭，今年孩子们都特意请假，一起陪着高景恒和夫人来松花湖。"爸，妈，到了，过来吧！"儿子高峰招呼道。此时游船已驶到湖心，孩子们拿出早就准备好的鲜花，递给高景恒夫妻，黄色、白色的花瓣撒落到湖面上煞是好看。孙女、外孙女也一边撒着鲜花，一边喊着："太爷太奶、太姥太姥爷，我们来看你们啦！"声音在空旷的山谷间不断地回荡。高景恒面色凝重地望向远处的山边，似乎又看到了舒兰家中父母的身影……

（王洁晴执笔，高　桢、高　峰、高　岩口述）

14　大爱无疆

关注麻风病患者

1987 年春天的一个早晨，辽宁省人民医院整形外科的医生办公室内正在进行早交班，医生、护士整齐地坐在长长的办公桌两侧，这是整形外科的特殊传统。按照惯例，应该是全体医护人员站立交班，但高景恒考虑到医护人员要忙碌一天，而且早会还要宣布一些重要事项，时间较长，所以就让医护人员坐着交班。

护士、医生分别对夜班患者的病情、今天拟手术的患者一一交班。和往常一样，交班以后，高景恒要对交班的情况逐一点评。之后还要讲一些国内学术领域的动态、在国内开会又听到了哪些新闻以及医院科室对整形外科发展又有哪些打算等。与往日不同的是，这天交班最后，高景恒宣布了一个重磅消息，科室准备对大连的辽宁省麻风病院进行帮扶。

麻风，是麻风杆菌引起的一种慢性接触性传染病，主要侵犯人体皮肤和神经，如果不治疗可引起皮肤、神经、四肢和眼部的进行性与永久性损害。麻风病是一种古老的慢性传染病，它不但侵害人体的肌肤，引起组织损伤和功能障碍，还会造成极其丑陋的面容。在很长一段时期内，麻风病都是一种无法治愈的传染病。它的特殊性在于，患者不会立即死亡但却无法治愈。在一些文学作品中，麻风病患者被描写成怪物甚至是魔鬼。早期人们对待麻风病患者采取的措施基本是隔离、驱逐或是直接杀害，直到现代医学技术进入分子层面之后，麻风病患者才有了全面治愈的可能性。正是由于这种传染病的危害性极大，因此各地都将这种疾病的患者隔离在远离尘世的"麻风村"治疗。

当时的辽宁省麻风病院归属于大连市皮肤病医院（时为大连皮肤病研究所，简称皮防所）。它坐落于距大连市区约150千米的一个人烟稀少的半岛上。在地图上的位置是大连瓦房店市土城子乡王崴子村。由于麻风病院坐落于此，这里也被叫作麻风村。在这个偏僻封闭的村落，常年居住着100多位麻风病患者。他们与世隔绝，绝大多数无儿无女，即使有亲人也很少过来探望。这些患者年龄最大的83岁，年龄最小的才26岁。绝大多数人都有残疾，少数的二十几岁的年轻患者尚在抗麻风的治疗当中。与他们朝夕相伴的是长期工作在这里的大连市皮肤病医院的医务人员。这些医者默默无闻地工作，一边治疗麻风病患者，还要照顾他们的生活起居，甚至为他们养老送终。

这些医务人员的领头人，是时任大连皮肤病研究所的李唯一所长。他在这个荒岛上默默奉献了20多年，他用坚守诠释了对医疗事业的伟大忠诚，书写着对每个生命的最大尊重。麻风病患者晚期都并发严重的面部和手部畸形。他们闭不上眼，面部扭曲，有的瘤体堆积，形如狮面，手指、脚趾严重变形，严重的双脚退化缺失。他们的一生遭遇到了太多常人难以想象的歧视和排斥，只能在麻风病院里寂寥地生活，如同被判了无期徒刑。病患们每一张脸的背后，都隐藏着一段不愿提及的岁月。在最艰难的日子里，陪伴他们的是这里的医生、护士，而不是家人。李院长对他们的痛苦感同身受，他是高景恒的校友，听说高景恒在辽宁省人民医院整形外科做得非常好，就通过同学试探着问下高景恒可否帮助这些麻风病患者手术，没想到高景恒听说此事立即答应了。

亲赴"麻风岛"

再说辽宁省人民医院整形外科的办公室里，高景恒话音刚落，医生们立即沸腾了起来。好奇、激动、恐惧的情绪在年轻医生的心里喷涌而出。这些医学院本科毕业的医生们虽然学习了很多医学知识，但麻风病他们也只是听说过，他们唯一知道的是这是一种传染病。对于传染病，多数医生念书时没想过要与它们为伍。所以，也没有几个学生在学习时给予太多的关注。上课时随着老师的讲课在书上画画重点；实习时，要么学学如何穿脱隔离衣，要么在病房的走廊里隔着玻璃看看患者，要么在医生办公室看看病历，仅此而已。这次要面对面近距离接触麻风病患者，还要给他们手术，对这些年轻医生的思想冲击可想而知。麻风通过什么途径传染、潜伏期多长、手术时受伤会不会被传染、发病早期症状是什么、得上了怎么治疗？多数年轻医生还没有结婚，这病会不会影响下一代？一时间有去图书馆查资料的，有给老师、同学打电话询问的。麻风病成了整形外科年轻人讨论的热门话题。

高景恒想的自然不是这些。他关心的是麻风病会造成哪些畸形？这些畸形的发病机制是什么？如何治疗？那段时间高景恒经常提到山西一位叫郝铸仁（国内著名整形外科医生）的医生，他说郝教授在杂志上发表过矫治麻风畸形的文章，说明高景恒已经为治疗麻风病做技术上的准备了。

1987年6月26日，高景恒带着崔日香医生踏上了开往大连的列车。在这之前，高景恒已经给科里的年轻医生排好了班。每次有一两名年轻医生陪同高景恒去麻风病院手术。李万、崔日香、李衍江、张晨、刘金超、王毅彪都名列其中。

去往"麻风岛"的道路并非坦途，高景恒和弟子们要先乘火车到熊岳，再坐麻风病院的车去"麻风岛"。20世纪80年代末期的绿皮火车从沈阳到200多千米外的熊岳要走三四个小时。下午出发，傍晚才到。

辽宁省麻风病院的一台面包车会来熊岳接站。然后，高景恒和弟子们要再在乡村的公路上颠簸近两个小时才到医院，到达医院时天都黑了。

途中汽车会路过一个小镇。有时来接站的司机问高景恒喜欢吃当地的什么土特产。高景恒总是说不需要什么特殊接待，如果停车方便，就买块豆腐吧！高景恒心中想的是最大程度帮助他人，却不想给别人带来麻烦。

辽宁省麻风病院的办公区和住院部全部为低矮的平房。因为年代久远，整个住院部透出一种陈旧、老迈的气息。患者们就住在一个个平房内，那个感觉和农村的住户差不多。每个房间内有厨房、卧室。房前屋后还有菜地可以种些菜和粮食。即使在这么艰苦的地方，却有医生获得了麻风病研究领域的最高荣誉——"马海德奖"。

马海德（原名乔治·海德姆，1910—1988），出生于美国纽约州布法罗市，毕业于日内瓦大学，国际共产主义战士，医生，性病、麻风病专家，曾任中华人民共和国卫生部顾问，全国第五届政协委员，第六届和第七届全国政协常务委员。

早年在一次考察中马海德选择留在中国，1937年加入中国共产党，投身于中国革命。中华人民共和国成立后，他协助组建中央皮肤性病研究所，致力于性病和麻风病的防治与研究，并取得世界范围内的成果。1950年经周恩来总理批准，马海德加入中国国籍。他为我国20世纪60年代初基本消灭性病和防治麻风病做出了巨大贡献。

为纪念马海德博士，并以此表彰和奖励中国麻风病防治、研究和管理的优秀工作者，在原卫生部支持下由马海德基金会设立了麻风病防治行业奖——"马海德奖"，为医学领域最高荣誉之一。

高景恒一行风尘仆仆地到达"麻风岛"，晚上就吃住在医院为外地员工准备的宿舍里。宿舍设施极其简陋，每个房间里仅有两个硬板床，暖水瓶是房间里的唯一大件，一个简易的办公桌和两把椅子。饭后高景恒在房间里看书，他的弟子要么看书，要么站在宿舍前的院子里数星星，除此之外没有任何娱乐活动。

　　手术的第一个病例是一个 36 岁的小伙子。这个小伙子的主要病症在双手。由于神经受到侵害，他双手小指、无名指都不能伸直，拇指活动受限，手部肌肉萎缩。高景恒检查了患者，认为这些表现是尺神经、正中神经卡压导致的。他领着崔日香医生和皮防所的王成满医生为患者做了神经松解术。之后的一天又为两名下睑外翻的患者做了修复手术。这次麻风病院之行让高景恒近距离感受到麻风病患者的疾苦，他也被这里医务人员的奉献精神所感动，这些都坚定了他将这份慈善工作进行到底的决心。

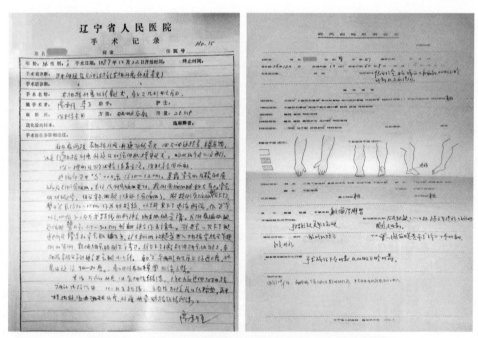

图 14-1　高景恒记录的麻风病患者手术记录和病志

　　就这样，高景恒及其弟子在此后的一年中，历经春夏秋冬、风霜雨雪，先后 6 次来到麻风病院，为 34 名备受疾病折磨的麻风病患者实施了整形手术。他们每次住在麻风村两三天，难度小的病例一次可以完成 7 ~ 8 例，难度大的完成 2 ~ 3 例。一次次手术使这些患者的功能得到恢复，容貌得到改善，生活质量也大幅度提高。然而，或许没有人知道，高景恒和弟子们的这些工作是没有报酬的，纯属义务奉献。

风尘仆仆送医路

每次高景恒一行来到麻风病院，李唯一院长都会站在大门外等待。李院长个子不高，面庞清瘦，总是一套洗得发白的蓝布衣服，一顶那个年代人们经常戴的蓝布帽子。远远看去，像是一个刚刚上工回家的农民，全没有一点医生的模样。这或许是他常年住在麻风村留下的印记吧！

高景恒到医院的第一件事就是看患者。他不顾旅途劳顿，在李唯一院长的陪同下，到病房查看之前手术患者的恢复情况，也检查下第二天要手术患者的准备情况。为了打消弟子们恐惧的心理，他和李院长带着这些年轻医生到农户或菜园和那些康复的患者交谈。听一听留守在这里的医护人员的故事，有时还亲口尝一尝患者们栽种的黄瓜、茄子。

高景恒考虑的都是患者的病情和治疗情况，考虑的是弟子来到这里的心理感受，却从未顾及自己的身体。对于整日忙于科室管理、临床手术、学科建设、开会演讲、著书立说的高景恒，并不知道疾病也在悄悄地走近他的身体。1988 年 8 月，当高景恒和弟子王毅彪刚刚完成麻风病患者的爪形手矫正术后，感觉到身体极度不适。他摸摸自己的脉搏知道是心律失常，但当地并没有太好的诊治条件，麻风病院的领导紧急和辽宁省人民医院取得联系。辽宁省人民医院得知此事后，立即派医生和救护车前往麻风病院。然而，第二天高景恒在病情稍有稳定后还是坚持完成了计划中的手术。回到辽宁省人民医院，高景恒被诊断为心房纤颤住院治疗。

可以看出，对麻风病院的患者，高景恒倾注了大量的心血和精力。当笔者拿到沉甸甸的病历资料才发现，高景恒早在1986年7月就已经制定好了麻风病患者的调查表。调查表上列举了尺神经、正中神经、桡神经、面神经、舌神经损伤出现的各种症状。肢体的示意图用于标记感觉缺失的平面等。他用这份调查表，从100多个患者中筛选出来77个有手术适应证的，再按照患者急需手术的程度进行了编号。一份份发黄的调查表上，高景恒详细地记载了每个病例的临床表现。一页页手术记录上，高景恒认真地写下了每个患者的手术过程。从这些尘封30多年的资料中，笔者感受到的不仅仅是他的科学态度，更是他对生命的敬畏和对患者的爱心。

其实，高景恒对患者的爱心从他做医生的那一天就开始了。无论是在大连、遵义，还是在沈阳，他经手的患者都说高医生技术高超，菩萨心肠。

心系患者

高景恒刚调到辽宁省人民医院那段时间，经常有贵州的患者来沈阳求医。一次一位来自毕节的农民特意找高景恒看病。高景恒知道他很困难，不但尽量减少这位农民的开销，还拿自己的工资给予资助。

20世纪80年代末期，高景恒经常到沈阳其他医院会诊，有些要截肢的患者，被高景恒接回辽宁省人民医院治疗，不但保住了肢体，还节省很多医药费。有些患者要给高景恒送红包，他都婉言拒绝。有些患者担心他不收红包，把手术交给学生做。高景恒为让患者安心，会暂时收下，而后由护士长将这些钱如数存到患者的住院账户上。

高景恒也不是没有回报，当他看到一个个患者治愈出院，内心得到是常人无法体验到的满足。一个来自吉林珲春的患者，在一次外伤时险些失去了一侧下肢。他慕名而来找到高景恒，经过近半年的治疗，小伙子的肢体保住了，他后来成为一名电器经销商。电视是那个年代的紧俏商品，小伙子在沈阳与珲春之间销售电视。他每次来沈阳，都要到辽宁省人民医院来看望高景恒。一起抽支烟，聊聊家常。渐渐地他们从医患关系发展成了忘年交。

高景恒为了帮助患者也受到过冤枉。一次，一位尿道下裂的患者术后要求用些贵药、好药，高景恒耐心解释贵药、好药不一定对症，只有对症的药物才能治病，坚持没有开贵重的抗生素。家属还不理解，又托人给高景恒送来红包，高景恒给予婉拒。没想到这个家属以为高景恒嫌钱少故意刁难他，找来了报社记者。高景恒将事情的原委讲给记者和这名家属，他们才知道错怪了他。患者痊愈出院那天，他们全家给高景恒致谢，还送来了锦旗。

高景恒是国内知名专家，无论走到哪里，都会有很多患者慕名而来。据李珑介绍，1992年，高教授到她所在的柳州医学美容中心会诊。患者得到消息后，每天都有高达四五十位求美者前来求医和咨询，手术从早上8时开始一直做到晚上10时左右，每天都做七八台甚至十几台手术，每台手术高教授都和医生们进行认真的术前讨论，做好手术方案。做手术时高教授边手术、边传授新技术，同时告诉年轻医生如何避免各种可能出现的并发症。

高景恒是个医德非常高尚的医生。李珑说，一次高教授到柳州会诊，一个父亲怀里抱着刚刚出生5天的女婴请求他做手术，原来他女儿有先天性唇腭裂，当时很难吃奶进食。父亲说如果不能做手术，他就只好放弃婴儿。面对眼里充满期待的患者家属，高教授毫不犹豫地答应了家长的要求。他用高超精致的技术，修复了这个女婴的腭裂和唇裂，拯救了这个弱小的生命。高教授在手术台上的严谨态度、对手术细节的关注以及100%的专注度给年轻医生们留下很深的印象。

在高景恒的患者中不乏高级领导、著名演员和富甲一方的商人，但更多的是平民百姓。高景恒对普通人、农村来的患者格外耐心。没人感觉他是大教授、知名专家。有人径直闯入他的办公室找他看病，他都耐心接待。因为这种事情太多，有的同事就说，不挂号怎么就来看病？可高景恒从不计较这些。他常说："这些人进城看病能找到我们就不容易啦！"

高景恒对待患者至仁、至善，在救死扶伤的崇高事业中，做到精医敬业，慈爱济人。对老师、对同事、对朋友也是关爱有加、无微不至。

为他人着想

高景恒的整形外科启蒙老师是徐振宽教授。徐振宽教授是大连医科大学烧伤整形外科的创始人。高景恒毕业后留校在外科轮转，因基本功扎实、手技好被徐教授留在了整形外科。20世纪60年代，师徒二人都随大连医学院南迁遵义。在遵义期间，高景恒是徐教授的得力助手和同事。从遵义回迁时，高景恒回到沈阳，而徐教授则回到大连。知道老师住在大连，高景恒每逢去大连开会办事，总要到老师家问候看望，同时还经常告诉身边的人徐教授是他的老师，徐教授有事要给予帮助，开会别忘了给老师留个前排座位。

在外开会，高景恒总会带上科室的年轻医生。有时国内很多知名教授会到高景恒的房间交流，高景恒总想着把弟子叫到自己的身边，介绍给那些大专家认识。高景恒不做科主任后，每次开会只要有科室的主任陪同，高景恒都会向别人介绍某某是他的科主任，以此抬高年轻主任的地位与形象。王志军、李衍江、刘金超、张晨、文晓泉、袁继龙等科室主任的后继者都有此经历。可想而知，为了培养自己的学生，高景恒的用心是何等的良苦。

2002年，美国威斯康星大学整形外科主任 Mike Bentz 应邀来辽宁省人民医院整形外科交流，来沈当晚接待方辽宁省人民医院设宴款待，主人为欢迎远道而来的嘉宾准备了丰盛的晚餐。谁知各种海鲜摆上餐桌时，Bentz 教授的女儿 Gretchen 却哭了起来，这个刚满 10 岁的女孩根本吃不惯中国的海鲜。她为自己今晚能吃点什么担忧起来，Bentz 教授问她要吃什么，小姑娘要吃意大利面。那时的沈阳，晚上 9 点到哪里去弄到意大利面呢？满桌子人一筹莫展。高景恒立刻叫来了他的儿子高岩，让他开车到沈阳所有西餐厅去找。最后高岩还真买来了意大利面。小姑娘吃上了意大利面，脸上露出了笑容。之后几天小姑娘的餐食，都让高岩给包下了。回国后，每次 Bentz 教授来信，Gretchen 都不忘捎上一句对"Grandpa Gao"（高爷爷）的问好。如今，已是瑞典某著名大学生物学家的 Gretchen 遇

图 14-2　美国威斯康星大学整形外科主任 Bentz 医生应高景恒邀请来华访问交流，高景恒陪同参观大连中心医院（右起高景恒、牛星焘、王江宁、Bentz、张晨、大连某医院医生，2002）

到中国的朋友，仍念念不忘"Grandpa Gao"。

关心同事的大家长

高景恒是科室的主任，是医生们的老师，更是一个大家长。医生们无论单位、家里有事都找高主任、找高老师，孩子有事找高爷爷。而高景恒也时时刻刻为科室的每一位员工着想。

辽宁省人民医院整形外科刚成立初期，由于科室医生少，高景恒和其他医生一起值夜班。晚上 10 点，他会在病房巡视一圈。遇有患者有什么问题，他都会尽力解决。之后，他会告诉护士去休息，而他则一个人在办公室看书，吩咐患者有事可以直接找他。如有急诊，他会带着实习医生完成手术。第二天，科里的医生会惊奇地发现高景恒已经工工整整地写完了病志和手术记录，而且多数手术记录都画着简单明了的示意图。

逢年过节，他总是早早地将科室的同事"赶"回家。"快回家吧！快回家吧！爹妈等着过节呢！科里我看着，你们走吧！"这句暖心窝的话时常在节假日响在整形外科值班同事的耳边。殊不知，高景恒也上有 80 多岁的老父亲，下有女儿、儿子等他回家过节呢！就是这样，年年除夕他都自愿坚守在岗位上，把欢乐让给别人。后来大家也习惯了，每逢佳节高景恒一人留守成为惯例。

高景恒和科里的年轻人常常说起来的一句话是："你家有事（困难）怎么不和我说？"刚开始这些年轻人并未十分理解这句话的含义，甚至不以为然。随着时间推移，年龄渐长，弟

图 14-3　充满爱心的高景恒是科室员工信赖的大家长（1999）

子们都深刻感受到了高景恒那种雪中送炭、诚恳帮助他人的高尚品格。这句话虽然朴素但却含有浓浓的师生情。

　　王志军是当年医院引进的唯一一名硕士，也是辽宁省人民医院第一位考上的博士。在辽宁省人民医院工作的 15 年里，他深刻感受到了这份情缘。作为来自外地的新参加工作的医生，王志军拖家带口来到沈阳工作时，他所面对的吃、住、行困难不可谓不小，最大的问题是住。当时早已取消福利分房制度，也尚无提供租房的先例。住房绝对是那个年代的稀缺资源。好在有高景恒，这样一位不是家长胜似家长的科主任。王志军医生4次搬家，全都仰仗高景恒的艰苦努力。他第一个房子是一个卫生学校的实验室，房间不大但可以分为"一室一厅"，床是病床，桌子是实验台，位于病房大楼的人防工程地下室里。共享如此"大房子"的绝对不是王志军医生一个人，他当时的隔壁邻居是神经外科王明骧主任，以及神经外科的一名副主任。这说明，当时住地下室相当于"人才公寓"的待遇。

后期辽宁省人民医院计划解决职工住房问题，第一个工程叫"十六户平房"，一栋建在医院图书馆后面的平房的简称。高景恒紧紧地把握住了这个机会，使得王志军医生全家从经常停电伸手不见五指的地下室搬入"十六户平房"。实现从地下上升到地上，当时的感觉就像搬入了宫殿。同入"十六户平房"的医生只有两家，隔壁是急诊科主任朱德福教授。

那个年代医生们都没有私家车，无论老少，都是靠骑自行车上下班。择期手术经常会做到很晚，有时还会因急诊手术加班。家住较远的医生们做完手术回家很不方便，高景恒就到医院去为医生申请宿舍。实在没有宿舍，高景恒就和医院商量，将科室在地下人防工程的实验室腾出几间作为宿舍，解决了年轻医生的燃眉之急。

1993年，科室的杜学义医生患急性心肌梗死合并室壁瘤。为了得到更好的治疗，杜医生和家人想到中国医学科学院阜外医院去治疗。高景恒得知后，立即找到胸心外科的老教授李庭敏，让他给他的朋友、时任阜外医院院长的郭加强教授写封信，在治疗上提供帮助和便利。不仅如此，他还派科室的张晨医生陪同去北京帮助杜医生一家。

巨人的肩膀

高景恒的学生里不乏国内外知名的整形外科专家。大家都感叹有一个好老师，等同于站在巨人的肩膀上。从起点上就占据了较高的位置。不仅如此，高景恒也非常关心科室年轻医生的发展，不过分地说甚至胜过关心自己的儿子。

王玉明是高景恒在遵义医学院期间带过的医生。如果把高景恒在遵义和沈阳带过的医生排个位的话，王玉明医生当为高景恒的大弟子。他在高景恒离开遵义后，先后任遵义医学院附属医院整形外科主任、医院副院长、遵义医学院副院长。他是高景恒特别喜爱的一个弟子。即使高景恒调到辽宁省人民医院以后，也经常提到他的这个弟子是个会临床思维、会做手术的医生。

在王玉明医生的回忆录里，他曾提到这样一件事。高景恒为了弟子尽快成长，有时谎称有事外出，让弟子独立完成手术。可是当他的弟子们满头大汗走出手术室时，护士们会说，高老师一直站在手术室外关注着手术的每一步。直到手术的最后一针缝完，他才静静地离开。

1986 年，还是中国医科大学的硕士研究生王志军，因为研究生课题必须有前臂皮瓣和股前外侧皮瓣取材做实验的缘故，与高景恒就有了接触和联系。王志军要研究两个皮瓣中"肥大细胞和微血管关系"。能够提供标本的沈阳市单位不在少数，甚至有几家整形外科里有同学好友接洽相助。然而，谁都不如高景恒上心，他能安排好接洽人，带王志军进手术室（这是大关卡啊！）。甚至还能在4分钟内将切取下来的标本，再放在合适的冷藏条件内准备好的标本缸，这是缘于碱性磷酸酶染色苛刻的取材和染色条件。对于两头顾又两头都顾不上的单枪匹马研究者来说，这无异于雪中送炭啊！但当时，王志军作为一名学生，虽然受到如此大的帮助，却一点儿没想到两年的标本准备，注定了他和高景恒一生的师生缘分。而雪中送炭这种人性光辉中最温暖的那一课也让他终身受用。

20世纪90年代初，由于科室快速发展，分配来的年轻医生较多，而且年龄差距不大，高景恒为他们未来的发展担忧，他也经常在自己的脑海里设计着这些年轻人的未来。当时科室还没有亚专科的说法，但高景恒预见未来美容外科会是整形的一个发展方向，他就让有美容专业倾向性的医生尽快掌握一些美容手术，如金亮、刘金超医生侧重吸脂术；李万侧重乳房整形和鼻整形及耳再造；杜学义主攻眼袋及除皱术；高景恒负责除皱术、腹壁成型、巨乳缩小术等。后期，科室有些医生离开原单位在各自的岗位上均有所建树，与对他们的侧重培养不无关系。

但是，那时高景恒也有担心的医生，如王毅彪。后者是中国医科大学日文班的毕业生，1987年毕业后分配到整形外科，小伙子聪明好学，在临床上也肯下功夫，练就了一手很好的手术手技，是高景恒非常器重的一个弟子。然而，王毅彪也有他的短板，就是"人狠话不多"，不善言辞。也正因如此，他与患者的沟通很少，也不顺畅。高景恒经常开导王毅彪要注意这方面的训练。高景恒常不无担忧地说，这个王毅彪将来可怎么办呢？

还好，1994年，原沈阳军区总医院主办了第五届中日整形外科学术交流会，王毅彪因为日语非常好而为大会做了非常多的翻译工作。高景恒趁此机会和原沈阳军区总医院的杨果凡教授将其推荐到日本盛冈医科大学成形外科留学。留日期间，王毅彪也因为其出色的整形外科基本功和外语能力考取了关西医科大学的博士研究生，就此留在了日本，了却了高景恒的一块心病。

应用皮瓣法功能性修复膀胱外翻是高景恒开创的一种修复这个疑难畸形的手术方法，为此高景恒还获得了省政府科技进步奖一等奖。2009年，已调任大连大学附属新华医院整形外科主任的张晨接诊了一例膀胱外翻患者。由于手术复杂，张晨没有成功的把握，就给老师打电话求助，高景恒欣然答应过来帮助手术。可是手术那天，高景恒一直在休息室关注着手术，放手让张晨和他的团队进行手术，而他自己则随时准备着进去补台。

对学生爱如父子

高景恒爱才、惜才，尽人皆知。1988年，王志军从中国医科大学研究生毕业，面临毕业后的去向。那个年代硕士毕业生凤毛麟角，受到各家医院的青睐。王志军也接到了几家医院的"商调函"，包括原沈阳军区总医院、成都军区总医院、北京空军总医院等。商调函还带着各种介绍信，可以凭此办理"自带档案""户口调出"等很麻烦的手续证件。事情看起来很靠谱，但王志军心里仍免不了七上八下地拿不定主意。一筹莫展的时候，高景恒与时任辽宁省人民医院党委副书记杨桂林直接来到中国医科大学，找到了王志军，推心置腹地谈了许多，均是围绕着需要解决什么问题，能帮助你解决什么困难，只字不提你将怎么干？能给我做什么？谈话结束，王志军毫不犹豫地选择了辽宁省人民医院整形外科。从那时至今，王志军作为医生、作为教师，经常和自己的学生，和咨询报考的学生家长们说的一句话是："选择城市不如选择平台，选择平台不如选择带头人。"这句肺腑之言背后的道理，"望子成龙"的家长们都懂得。

对学生，他爱如父子。2005 年，时任整形外科主任的张晨因为和医院对整形外科发展理念不合而产生离职的想法。高景恒帮助张晨分析了未来发展平台的利弊，但是还是没有说服张晨。春节后张晨没有再来医院上班，高景恒为此非常上火，几个月血压居高不下，但他并没有责怪学生。后来张晨到大连发展，高景恒也给予了很多支持。当得知张晨买房还差 10 万元首付款，他毫不犹豫地将自己的 10 万元转给了张晨。而正是那时，他的儿子高岩也计划在大连买房，后因资金不足而放弃。每每想起这些，张晨都觉得非常亏欠自己的老师。可是老师此后却从未提起过此事。

高景恒的学生们有个不成文的约定，每年春节都会到高景恒家拜年。虽然大家是去看望老师，也是一次期待已久的聚会。高景恒和夫人王老师会在学生们去的前一天忙碌着准备一桌饭菜。有时回家探亲的女儿、女婿也会一起帮忙。高景恒会亲自准备他拿手的酱牛肉招待学生。看到来自全国各地的学生，高景恒非常高兴。

这一天，高景恒一改往日读书写作的习惯，会抽出一天陪学生们唠唠家长里短，工作是否顺利、家里的生活如何、孩子有没有毕业、到哪里工作，等等。饭桌上，高景恒会拿出自己珍藏多年的老酒款待学生。由于学生各自安排有别，来的有早有晚，这顿饭吃的像流水席，一会儿张三晚来了，一会儿李四早走了。推杯换盏之间，大家聊的话题天南海北，无所不及。不出意外，学术问题常常占据了主角。敏感话题，出现争论在所难免，甚至会在某件事情上唇枪舌剑、争论得面红耳赤。高景恒会一直陪在饭桌上。有时也会插上几句表达自己的观点，更多时候则静观学生的讨论。有时讨论到深夜，已经 80 多岁的高景恒也不觉疲惫。他为学生们的成长高兴，学生们的进步，一点一滴他都看在眼里，喜在心上。

2019 年 6 月，85 岁高龄的高景恒因连日参加北京、上海和武汉会议，回到沈阳后劳累过度病倒了。他被送进辽宁省人民医院 ICU（重症监护病房）抢救了一周才脱离生命危险。他的学生们知道此事纷纷从全国各地过来探望。当高景恒从昏迷中苏醒过来后，看到学生们围在身边，感到万分欣慰。但他也像老父亲一样劝大家赶紧回去，不要耽搁自己的工作。当大家看到虚弱的高景恒挥手让大家回去的时候，眼睛禁不住噙满了泪水。高景恒就是这样一个人，他的心里总是在想着别人，而忽略了自己与自己的家人，但他不后悔，因为他说当他看到那么多学生成才，他高兴，发自内心的高兴！

1988 年，科室从三楼搬至四楼，床位从 16 张增加至 42 张。病房扩大了，地方宽敞了，人们都想高景恒能有个自己的办公室了。此前因房间有限，高景恒一直和科室的医生一起办公。可是，高景恒到新建成的病房转了一圈，却看上病房外面水房旁的一间小屋。屋内不足 5 平方米，一张书桌、一个值班床几乎占据了整个房间。屋外一个一人高"咕咕叫不停"的大水壶，

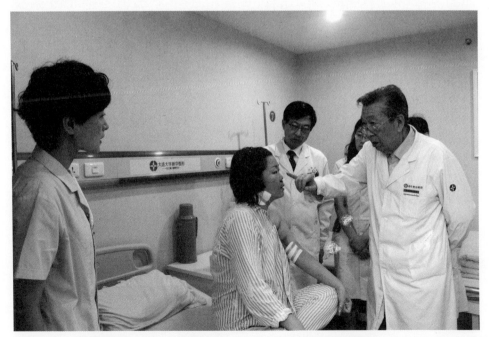

图 14-4　高景恒到学生王志军所在的大连大学附属新华医院义诊，王志军（左三）时任附属新华医院院长。左一王洁晴现为新华医院整形外科主任，也是本书主编之一（2012）

常年蒸汽腾腾，不时有患者家属打水、热饭、熙攘往来。高景恒却能在这个陋室内看书、写作、研究病例，一坐就是10年，而把条件好的办公室让给科室后成长起来的副主任。

勿以善小而不为。高景恒从医生涯没有轰轰烈烈的善举，但在他的日常工作中小善却从未缺席。然而，正是这些小善的日积月累成就了高景恒的无疆大爱。笔者认为，名医除了仁心仁术，还有一颗善待部下、爱兵如子、滚烫的爱心和真挚的情感。所谓的团队精神之团结"唯以心相交，方能成其久远"。因为，"以金相交，金耗则忘；以利相交，利尽则散；以势相交，势败则倾；以权相交，权失则弃；以情相交，情断则伤"。雪中送炭与锦上添花是整形外科的两项主要工作，高景恒用他钟爱一生的工作和生活中的点点滴滴善举完美地诠释了这两句成语。正是：

> 雪中送炭寒冬暖，
> 悬壶济世解人难。
> 锦上添花为圆满，
> 美贵有恒尽欢颜。

（张　晨，王志军，杨　倩，王洁晴，王玉明）

后 记

从 2021 年 10 月动笔，到 2022 年 4 月底，历经半年的时间，我们作者团队完成了一项似乎不可能完成的任务——为我们的老师高景恒教授写了一本回忆录。

这件事情很难。

首先，时间太过久远，有些事情发生的时候，作者还没出生呢。即使是作者亲历的事情，也都是二三十年前的事情了，很难记清楚时间、地点和人物，更何况很多事情的细节。

其次，高教授本人不同意为他个人写书。他认为他就是一个平凡的医生，没什么可写的。所以他不配合我们采访，也不愿把自己做的那些感人的事迹告诉我们。他，不喜欢炫耀。他，只喜欢做事。可谓高调做事，低调做人。他对我们的提议表现出不屑一顾的表情，让我们不知如何把我们的话题深入下去。

第三，我们循着一些线索，访问当事人。如，我们电话采访了《实用美容手术》责任编辑、辽宁科学技术出版社的王绍诚老师。老先生已经退休多年，赋闲在家。采访当天老先生正在海南度假。一听说采访高教授当年写书的事，非常愿意配合我们。然而，我们和一位 80 多岁的老人在电话的两端都无法听清对方在说什么。老人家的声音很低且有些沙哑，我们只是边听边猜完成了采访。所需要跨越的不只是距离，还有时间。采访北京科学技术出版社的徐利明老师也是如此。

第四，作者都是医生，平时的临床工作都很忙，需要在繁忙的临床工作之余完成我们的写作。而写作，绝不是零碎时间造出几个句子的拼凑。它需要整块的时间、不间断思绪的流淌。通过这个过程我们懂得了"创作"二字的含义。

最后一点，也是最重要的一点，我们缺少文学功底，都没有写作人物传记的经验。对于我们这些天资不算聪明的医生，写医学论文或许是我们的长项，而写传记我们真不知道如何下手。在此过程中我们反复阅读了上海九院张涤生院士、西京医院汪良能教授的传记。看看专业作家是如何写整形医生的，以此获得启迪。我们是边学边写，边写边学。

去年（2021 年）11 月大连疫情、今年 1 月西安疫情、2 月深圳疫情、3 月以来奥密克戎毒株引起的全国疫情等，使我们的临床工作停摆。不幸中的万幸，静下来的我们得以一些闲暇回忆往事、思考如何写这本书。同时，我们有幸得到了高教授过去 50 多年的工作日记。可以说，高教授记日记的习惯从某种程度上成全了我们这次任务。那些发黄的日记里记载高教授治疗患者的手术记录和心路历程，也记载了每次会议的主要内容和时间地点，这些都为我们提供了很大帮助。当然，我们也在写高教授的时候被他的事迹感动和鼓舞，在他的精神的感召下努力去挑战自己。

我们在回顾高教授从医近 60 年的生涯中，循着他成功的脚步，发现了他身上很多优秀的品质，学习上，睿智、勤奋、好学、坚韧、好奇心强；工作中，兢兢业业、认真负责、无私公正、善于分析和总结，待患者如亲人；手术时，沉着、冷静、动作敏捷且准确；生活上，待人诚恳、长于沟通和交往、尊敬师长、乐于助人等。正是这些优秀的品质，成就了高教授成绩卓著的从医生涯。

我们的行业庆幸有这么睿智的开拓者；我们的患者庆幸有这样高水平的医生；我们的学会、协会庆幸有这么卓越的活动家；我们这些学生庆幸有这样言传身教、德高望重的老师；我们美丽的事业庆幸有这样一位持之以恒、全身心投入的同道——高景恒。

此时，我们尽最大可能搜寻我们可以使用的词汇，但我们感叹确实缺少驾驭语言的能力。我们可以用平凡的语言堆积高教授平凡的故事，却很难表达一个个平凡所成就的不平凡的伟大。

我们写这本书的初衷是回忆我们在高教授身边的日子，总结高教授对我国整形美容外科的贡献。可是当我们写完这本书时，觉得他更应该成为医学生和年轻医生的课外教材。让年轻医生多一个学习的榜样，多一分前进的动力。因为榜样的力量是无穷的！

如果有一天某个年轻人因为看这本书而受到感动和鼓励，最终成长为一名优秀的医生，那会是我们很欣慰的事情。

在查找资料的过程中，《中国美容整形外科杂志》编辑部的编辑们给予我们大力支持，需要的照片倾力准备，甚至将创刊号的手稿及期刊借给我们查阅。看到这么珍贵的资料我们如获至宝、爱不释手。但是拍照后我们必须要完璧归赵，并对编辑们的支持一并感谢！

我们在这本书的最后还要感谢为撰写本书采访的一些高教授的朋友、同事，包括上海交通大学医学院附属第九人民医院终身教授的王炜老师，宜春学院彭庆星教授，南方医科大学附属南方医院罗锦辉教授，遵义医科大学附属医院王玉明教授，大连医科大学附属第一医院秦宏智教授、程超教授，辽宁科学技术出版社的王绍诚老师，北京科学技术出版社的徐利明、侍伟老师等。我们还采访过高教授救治过的患者。我们在采访王炜教授时正值2022年春季上海新冠疫情严重的时候，家家户户都处在封控状态，很多人家生活非常困难。即便在这种情况下，王炜老师每天通过微信向我们讲述高教授在上海九院学习生活的往事以及他们合作为中国的修复重建和美容整形发展做出的贡献。王绍诚、徐利明两位老师也是如此。被采访的老师多数已经退休，很多是80多岁的老人。我们的采访打破了他们平静的生活，需要他们回忆几十年前尘封的往事。正是他们的回忆，使我们仿佛又重回到那段生活里，使高医生、高老师、高教授就伫立在我们的身边……

我们在写作的过程中涉及很多历史事件，涉及众多人和事，尽管多数都已经过考证，但由于年代久远，高教授的很多老朋友、老同事都是八九十岁的老人，有些当事人已不在世，我们只能通过网络、杂志的相关文章获得线索。百密必有一疏，肯定会有错误的地方。另外，我们设计的每个章节都是独立成文的，有些章节之间时间上的重叠可能会使文章的内容看起来有些重复。本书可能还有其他这样那样的缺点，望读者在阅读本书的同时给予批评指正和谅解。

张　晨，王志军

致　谢

　　本书的出版承蒙高景恒教授的学生王志军教授、尹卫民教授及沈阳美莱医疗美容医院、沈阳杏林整形医院和沈阳百嘉丽医疗美容医院的大力支持和资助，在此对上述专家和机构的付出表示衷心的感谢！